U0070935

鎮反沉冤

我的勞改三十年

王不忠 著

Contents
目次

Contents ｜目次

寫在前面

　　本書作者王丕忠是我的繼父。他經歷了一個世紀的滄桑，今年整一百歲了。本書是他在二十五年前寫就的。在1989年春天那個震驚世界、當局卻不願提及的事件發生後，老人家懷著滿腔悲憤，奮筆疾書，寫下了這些可以作為歷史見證的文字。由於眾所周知的原因，這份文稿一直無法出版，他的願望一直未能實現。

　　回想二十五年前他寫作的情景，一切還歷歷在目。在一個很小的陽台改成的「書房」裡，他一坐就是幾個小時。炎熱的夏天，沒有空調，揮汗如雨，我回到家中總是看到那個不變的背影，令我至今難忘。每當他記憶模糊不清時，就到外面去邊走邊回憶，手指掐著、算著，想好了又回到小陽台上寫。他當時已經七十五歲，要把三十多年前的事回憶並記錄下來，並非易事。何況這回憶過程，用他的話說，是「重溫一遍痛苦的經歷」。若非有強大的信念做動力，這事是做不下來的。

　　解放後，一個又一個政治運動似驚濤駭浪（參考附錄三：解放後重大政治運動一覽），能從這浪濤的擊打中活下來，實屬不易。尤其是「鎮壓反革命運動」發生在新政權建立伊始，

打擊「敵人」更是嚴酷與決絕，被「鎮壓」而又能活下來的可以叫做倖存者。而在鳳毛麟角的倖存者中，有誰能在古稀之年，提筆著書，留下一份文字記錄？為此，我深信這十幾萬字是寶貴的歷史資料，自有它的價值，正像老人家在文中明白無誤地申明的那樣：**我是書生，又已年邁，但在迫切的願望推動下，仍可利用拙筆與專政制度展開鬥爭，以親身的經歷揭露我國政治陰暗面中的一個死角，對民主運動多少能起一些作用。**

　　現在，這本書終於可以面世了，我想，繼父拿起這本書，必當欣慰於「**告訴世人我所受過的苦難，是為了別人不再經受這樣的苦難，是為了歷史不再重演。**」

　　我們不懈地追溯歷史真相，保存歷史記憶，意義就應在此吧。

王丕忠繼女

高憶陵

2014年10月

作者自序

　　本文名為《鎮反沉冤——我的勞改三十年》，它不是小說，是事實的記錄。在我動筆之前還自定戒律，據事實錄，不許有絲毫誇張和渲染。好在我拙於文墨，詞藻有限，能把情況樸實無華地反映出來，昭諸於世，於願已足。

　　本文所述時限近三十年，其中刑期十二年，刑滿留場就業近十八年。社會上稱刑滿留場就業為「二勞改」。勞改犯人與二勞改雖有區別，但實際上大同小異，所以一併敘述，共三十年。

　　解放前我原是國民黨政府財政部下屬上海市直接稅局的一名職員，解放後被人民政府留用。1951年1月底以「匪特」罪被上海市公安局靜安分局逮捕關押。經過多次審訊和逼供，轉押車站路看守所，繼續逼供，並責令檢舉揭發。幾個月後又轉押到上海市最大的提籃橋監獄，以學習的名義進一步逼供與責令檢舉揭發。約過了一年多，由上海市軍事管制委員會以反革命罪判我徒刑十二年。

　　其後歷經了難以置信的恐怖和苦難，於1963年獲得「刑滿釋放」，豈知這「刑滿釋放」卻成了終身勞改的開始。罪犯

刑滿後必須填具「自願留場就業申請書」，然後才能辦理「釋放」手續，遷出勞改隊，遷入附近的農工隊，作留場就業的農工。如果刑滿後不願留場，想回家與家人團聚，不填「自願留場就業申請書」，那就不釋放。所以我刑滿時當然不能例外，也是在被迫填寫「自願留場就業申請書」的情況下被「釋放」的。

勞改犯與就業農工究竟有什麼區別呢？有區別，但區別不大。不同處是勞改犯住在大圍牆內，稱作監獄，大門口和四周有公安武裝部隊看守；農工住在大圍牆外，不稱監獄，無部隊看守，此其一。勞改犯沒有生活費，一切由政府供給；農工有生活費，衣食自理，吃食堂大鍋飯，此其二。勞改犯無請假規定，活動範圍有嚴格的限制；農工的活動範圍較大，並有探親假的規定，此其三。但實際上探親是極難輪到的，沒有直系親屬或被隊部幹部認為表現不好的人根本輪不到。相同處是二者都沒有公民權，前者是罪犯，後者是地、富、反、壞「四類份子」。二者都從事艱苦的強迫勞動。二者也受同樣極為嚴厲甚至達到不通情理的生活紀律、學習紀律等的嚴格控制，違反者將受到不同程度的處分。如被扣上逃跑、收聽敵台、企圖叛國投敵、暴動或企圖暴動、造謠煽動、攻擊社會主義制度、汙辱革命領袖等罪行，即被認定為罪大惡極，後果不堪設想。如遇疾病，二者受到同樣草率的醫治，較好的藥根本沒有，批病假又極其嚴格，經常強迫出工。我本人曾多次身受其苦。

勞改犯與就業農工，在政治地位上、勞動上、生活上即是大同小異，沒有多大區別，因此社會上把留場就業的農工稱

為「二勞改」並非言過其實。我在這種「二勞改」期間的經歷中，曾目睹很多淒慘和令人驚駭的事。尤其是在「文化大革命」中。

在毛澤東去世，四人幫被打倒以後，就業農工得以脫掉了「四類份子」的帽子，全部恢復了公民權。我於1979年被勞改局辦的中學接納為外語教員（這所中學大部分學生是勞改農場內幹部和就業農工的子弟），從此脫離了農工隊，走出了「二勞改」的圈子，逐漸與社會發生了接觸。從1951年算起至此將近三十年。

我被捕判刑時家有父母兄嫂和我共五人。姪女是在我入獄後出生。我本人因抗日戰爭和家庭問題延誤了婚姻，還未成家。當我恢復自由回到家鄉時，他們都早已先後去世，姪女已出嫁，全家只剩下我孑然一身。心情悲涼，自不待言。

當時政府正在大舉辦理冤假錯案的審查和平反工作。我認識人中就有不少經申訴後獲得平反，可我卻一直沒有想要申訴的念頭。我當時有一種頑固的想法：我就當它一輩子的「反革命」吧，不去低頭申訴仰人鼻息了。按我的看法，被視為暴政的敵人比作為它的順民還強。

可是隨著局勢的發展，平反的人愈來愈多。經過反復地考慮，我體會到在當時的情勢下，是否申訴已不僅是我個人的問題，或多或少會牽連到學校和我的親友。我如不申訴，反革命的帽子便脫不掉，即使已恢復了公民權，但仍有前科，學校有我這個反革命教員，親友們有我這個反革命親友，不但顏面

「不光彩」，且會蒙受不利的政治影響。有鑑於此，我便放棄固有的成見，決定申訴。由於案情簡單，又無同案，看來法院複查並不費事，因此在上訴後只一年多便經複判，宣告無罪，十二年徒刑的冤案逐告平反。隨後我的原單位上海市稅務局也為我落實政策，給我定級退休，級別雖低，退休費雖少，但生活總算有了著落，反革命前科從而勾銷。

我自平反至今已近十年，為什麼此文直到1989年春才開始動筆呢？原因是中間經過了多次猶豫。我雖有這些不尋常的經歷，卻從未想要把它寫出來。一方面因為我不是作家，拙於文墨，寫不好；一方面認為勞改犯和就業農工何止千萬，以為關於這方面的情況早已有人寫了，何必我去多此一舉呢？

事有湊巧，1988年冬，偶爾到朋友家做客，在座有幾位曾在「文革」中受到衝擊、遭到凌辱的人。談起當時被誣衊、陷害、關「牛棚」、扣上右派或反革命帽子等等情況，出於憤慨，大家心情激動。我在這種氣氛的感召下，也談了一些關於我被陷害判刑以及在勞改隊、農工隊親身所受和所見所聞的種種難以置信的事。有人便說這種經歷值得寫下來，是有價值的歷史資料，並問我寫了沒有。我說沒有，連想也沒有想到過。於是有人便鼓勵我寫。我當時自然不能立刻作出決定，此事對我來說是椿大事，不能不慎重考慮。以後此事常在我腦海中縈回，可是始終沒有下決心去寫。

不久之後我讀到了兩本小說，內容多少描述了勞改隊和農工隊的一些情況，並間有觸及風情的片斷，存在著迎合讀者興

趣的傾向。這與我所經歷的充滿了辛辣與恐怖的情況有很大距離。同時我逛書店書攤時，經常留意有沒有關於寫勞改情況的書或刊登在雜誌中的文章，卻始終沒有發現，這頗出我意料之外。

　　既然關於這方面著述如此之少，竟可說無，我來寫它一些也就不是多餘。然而更主要的原因是我在勞改中所經歷的荒謬、恐怖、不人道等等在外界是鮮為人知或知而不詳的事實，純屬我國現代歷史上殘留的封建法西斯意識在當代政治體制中的體現。勞改隊這樣的特殊產物，作為歷史見證不應缺漏。作為爭取民主人權和法治又作為論證人治和獨裁必然導致腐敗以至暴政這一論點上自有它的說服力和起一定的作用，儘管薄弱也不至於毫無影響。

　　決心是有了，但仍有顧慮。我年過古稀，體弱多病，並且幾十年的勞改生活已使我能適應最清苦的生活，從而只求心情平靜，生活安定，不再遭受災難，草草了此劫後餘生。假若寫出此文，惟恐又要犯忌招禍，引火燒身。我們這一代的中國人，對於過去幾十年來全國範圍發生的種種政治迫害、可笑卻令人寒心的文字獄等情況猶歷歷在目，餘悸至今未消。想到這一點，決心又起動搖，幾經躊躇，未能動筆。可是這件事既已在我腦海中存了案，就沒法把它排除。我近幾十年來的苦難勞動，非人生活，終至家破人亡，剩下我孑然一身，今生的幸福葬送殆盡，由此積下的怨恨和憤慨既固且深，除非把它傾吐出來，心情不會舒暢，所謂「不平則鳴」，人之常情。

促使我拿起筆來的直接動因，則是當時（1989年春）發生的那場盡人皆知的政治事件。我把自己親歷這一事件的全過程寫在了本文「後記」中，並視為全文不可分割的主要內容。事件發生後，在極度悲憤中我決心提起筆來，把一生的經歷據實記載，作為揭露黑暗的歷史資料，作為後世借鑒，至於是否會如前所說因此招禍，那就置之度外了。我在後記中寫道：「只要能為民主運動盡一份力量就是我莫大的欣慰，也是我平凡而坎坷的一生中所作唯一有意義的事。」這就是我在古稀之年寫出本文的動力所在。

還要說明一點：我的勞改經歷到我開始動筆寫此文，已經時隔多年，有些情況已記不清楚。因此在寫作過程中時刻追溯當時的情景，即在就餐行路中也不斷地思索當時所發生的一切事情和自己當時的感受和思想。使已經模糊不清的印象逐漸清晰起來，已經忘掉的事又呈顯於腦海，於是隨想隨記，陸續補充。但是這一過程是付出代價的，而且是痛苦的代價。因為回憶我過去的勞改生活可說是在重溫受汙辱、受陷害、受虐待的噩夢，以至思想上產生極大的不愉快。但是就我的願望來說，付出這代價是值得的。

當我回憶這一切的時候，確有欲哭無淚的悲痛感受。從切身的經歷中體會到政治迫害是世界上規模最大，手段最陰險毒辣，蒙蔽性最強的迫害。掌權者對受害人可隨心所欲地扣上罪名論處，尤其是被扣上「特務」帽子的人，更是有口難辯，沒有人能肯定究竟是怎麼回事，沒有人敢追究案情，沒有人敢主

持正義，沒有人敢公開表示懷疑或同情，更沒有人敢支持受害
者而代為申辯，否則便冒了天下之大不韙，必然要受到株連。
至於受害者本人，即使能倖免於死，可是經長期監禁和勞改的
折磨後，已年老體衰，健康惡化，際於垂死邊緣，一切力不從
心，無所作為了。即使怨氣不消想要「報復」，也難以確定報
復的對象。因為這不是個人間的私仇，追究起來至終要溯源到
政權問題和統治階層。想要報復是遠遠超出了個人能力所及的
範圍，實際上恐怕也沒有人敢做這種嘗試。

王丕忠

1990年於北京

第一章　緣起

留用

「留用」，這是大陸解放後，共產黨掌權初期形成的一個新名詞。指原國民黨政府機構的職員在共產黨接管後仍留下並被任用的縮略詞。這批人都是中下級職員，既非軍政要員，又非資產階級，都是走投無路靠工資糊口的可憐蟲。

1948年秋後，解放軍在東北節節勝利，國民黨軍隊潰退入關。至1949年春，解放軍一路追擊到了徐州地區，掀起淮海戰役。這一戰役地當要衝，關係全域，經雙方激戰，解放軍又取得決定性的勝利，國民黨軍隊喪失鬥志，潰不成軍。局勢急轉直下。

我當時在國民黨政府財政部下屬上海市直接稅局任職。我進入該局絲毫沒有依靠人事關係，是通過財政部辦的財務行政人員特種考試錄取，再經過訓練班後進入的。這種員工稱為考訓人員，屬財政部的基本職員，不受主管人事調遷或機構變動的影響。

在國民黨政府岌岌可危之際，稅局的內線人物中平時和我接近的人曾對我說：情況已危急，當局已作遷往台灣的準備，如我願意同走，可為我聯繫，囑我早作準備。我便問可否帶家

屬，他說：

「不行，要走的人太多。交通工具不足，只好本人先走，家屬容後再說。」

我當時心亂如麻，一時決定不下，只說讓我考慮後再答覆。經這談話，我思潮澎湃，寢食不安，心想如果放棄稅局的職務再向何處謀生？如隨局方去台灣，那末雙親已年邁，留在大陸誰來贍養？考慮到這一點便決定不去台灣。此外還有一個看法，認為國民黨腐敗無能，縱有幾百萬軍隊卻保不住大陸。今後逃到一個小島，靠少數土地人口和軍隊更不能堅守。何況國民黨不得人心，恐怕台灣人民也會起來造反，決不能長處久安。我如隨著局方去台灣，可說是自趨絕路，台灣一旦被解放更去何處？我平生雖不進步，卻從無劣行，從未幹過反人民反革命的勾當，解放後留在大陸，想也不至有問題。考慮到這一點，留下的決心從而更堅定。

1949年初夏，上海市解放了，我懷著既喜悅又惆悵的複雜心情來迎接這一歷史的轉折。喜悅的是過去亂七八糟的政治局面結束了，一個嶄新的景象展開了，在這樣的情況下每個人都有機會學有所用，致力於新中國的建設和發展，結合著國家利益的增進，個人利益也可隨著增進，民富國強的前景正在向我們招手。過去的政治不安定，職務不安定，物價不安定，生活不安定，思想不安定等等情況，渴望一去而不復返了。惆悵的是我本人在解放戰爭和新中國的創業中，一點也沒有出過力，全仗共產黨、解放軍以及進步人士的努力，非但捫心有愧，而

且在我個人經歷中缺少光彩，與人共處，相形見絀。

我們這一批留用人員，經新來的當局派到學習班學習。在學習期間，除學習革命理論、黨的政策、業務知識外，還須個人表態，而且所有的人都要通過極為嚴格的資歷審查，然後逐個分配到新的工作崗位。當時稅局的名稱已改，我被分配到另一處工作。當時就想，過去的事過去了，而今職位已定，一切從頭開始，以後振作精神好好工作，爭取光明的前途。

綜上所述，說明我原先對國民黨並沒有好感，相反對共產黨卻抱有幻想，認為共產黨有它一定的優越性，可望它掃除資本主義制度的弊端，給人民帶來幸福，使社會走上進步。可是後來它所執行的種種政策和一系列的政治運動，以及其引發的無數駭人的事端和惡果最終使我的幻想破滅，思想走向相反方向，這一轉變完全是客觀造成的，並沒有成見在起作用。

積極分子

　　我自1949年秋開始在新崗位上工作。當時同事大多數是留用人員，彼此還能相安無事。可是過了不久，陸續調來了一批新幹部和青年，這些人被局方譽之為「積極分子」，表揚他們思想進步，工作努力，被稱作骨幹，並號召大家向他們學習。

　　當時我的頂頭上司謝某就是這樣一位骨幹。這人偏見極深，獨斷專橫，把留用人員視同「俘虜」。他時常召開「積極分子」會議，留用人員不得參加，會議內容保密，外人不得而知。從此留用人員處處受到歧視和壓制，一切唯有聽命，沒有發言權。在工作和生活中即使有意見，甚至有氣惱之事，也只有忍氣吞聲，敢怒而不敢言。留用人員難免私下發牢騷出怨言，但很謹慎，非常注意談話的內容和措詞，唯恐洩漏出去觸犯當局。同時「積極分子」無時無刻不在暗中偵查留用人員的言行。有的甚至故意向你表同情，引你說出「反動言論」，然後暗中告發立功。就在這樣的場合，有一次我出於憤慨失去了警惕，無意中說了一句較有分量的話：

　　「看來我們好像不是被解放者，而是被征服者。」

　　當時沒有人接我下文，一時冷場，更顯得我這話突出而引人注意。我立刻意識到失言，但話已出口，收不回來，後悔莫及，忐忑不安，一連好幾天懊惱萬分，唯恐因此招禍。但事後未見動靜，思想稍安。然而是否就太平無事，很難斷言。

　　當局的作風，對於所謂「內藏的敵人」和「可疑的對象」不採用打草驚蛇的方式，而是暗中偵查，收集材料。到了適當時刻突然襲擊，出其不意，攻其不備。至於所搜集的材料，是否真實，置之不顧，否則積案如山將無法處理。辦案人員為圖塞責和立功，甚至捏造案情，繩人於罪。想到這些令人心寒。至於我這番話是否被告密，是否已寫成材料存進我的檔案，不得而知。從後來對我的歧視和迫害步步升級，以至被逮捕判刑，看來可能與此有關。

　　留用人員一旦被注視且片面定性為反革命分子，將難以脫身。司法機構也以「一切敵人難逃人民法網的巨掌」的口號自豪自詡。總之當時在恐怖不安中工作和生活，實在不堪忍受，可是一時也無法可想。

　　有一次處裡開會，是為佈置一項緊急任務。會議中積極分子提出了很多意見和措施，但是沒有人提到應做出法制上的規定。於是我便提出了這一點。出乎意料，當時立即遭到積極分子們的圍攻，說我沒有立場，我的主張會洩漏政府的機密。這樣的帽子扣下來使我不敢辯解，知道這是徒然的，只有增進矛盾，擴大事端。當時會議由謝某主持，他一向偏袒積極分子，歧視留用人員，但這次卻一言未發。按我體會我的主張是符合

政策的，是理所當然的。一批積極分子文化不過初中，年齡不過二十，只知高呼萬歲，積極響應號召，知識是極淺薄的。謝某當然也瞭解這一點，因此沒有在會上明確表態，沒有站在積極分子一邊來攻擊我。可是對我隨後的苦難經歷來說，這是開端。

這件事後，與我較為接近的留用人員私下說我太暴露思想，勸我要注意。我當時頗不以為然，心想表達個人的思想是人之常情，我又不是陰謀家或間諜，為什麼要隱瞞自己的觀點？事實上這人是好意，只是我當時對自己處境的險惡認識不足，與謹小慎微，明哲保身者相比，可說是愚蠢，可說是不識時務。可是生性如此，也難以改變。

1949年冬，政府發行折實公債，局方號召職員們認購。有一天我工作的部門召開全體會議，進行認購。與會者有幾十人，其中半數以上是積極分子，由主管謝某宣佈認購辦法：先由個人自報，經公議通過，然後把認購數額登記下來由認購者簽名。當時我應認購多少，心中實在沒數。而且由於經濟極度困難，實在無法負擔過多，想先看大多數人認購多少，我就隨大流也認購多少，總不致太離譜。

認購開始了，謝某問：

「誰先開始認購？」

話音剛落立即有人提議由我先認購，看來這是事前佈置好的，這是他們的一貫作風。不少人便喊：

「同意。」

這下把我的打算打破了。我便說：

「我不知道應該認購多少，少了不合適，多了我負擔不了，還是請別人先認購吧。」

積極分子中有人便說：

「如果別人也和你一樣想法，那末誰先開始？至於多少問題，越多越好嘛，遇到好事應該見義勇為，不要推讓了。」

我一時說不出話來，其他人也不作聲，一時冷場。

謝某開腔了，對我說：

「你在此年齡比較大，就不能起個帶頭作用嗎？」

他的口氣十分嚴峻，事實上等於命令，使我十分反感。我早已略知這謝某的來歷。有知內情的人曾對我說過，要提防這人。他原先是共產黨員，後來脫離了黨的關係很久，現在解放了，又來參與工作了，是個投機分子，不少人吃過他的苦頭，提醒我要多留意。我想到這一點，不敢和他頂撞，又想早認購晚認購總是要認購，而且我如能少認購那更好，如認購多了，別人也不至於過少，早點過這一關，好早點放下思想包袱。於是，我略加思索便說了一個數目，在印象中這是我當時很大的負擔了。哪知剛一出口，便有人接口：

「你就認購這麼一點點？我們知道你是很有錢的，你至少認購×××份。」

那時一份折實單位約值六千元左右，即相當於錢幣改革後的六角錢。

我便說：「我確實很困難，沒有錢。」

「誰相信！你犯的是資產階級的通病，自私自利，一毛不拔。」

這人的話音剛落，其他積極分子就七嘴八舌地對我指責，室內一時亂哄哄，也聽不清在說什麼。我怒火中燒，但盡力克制，回過頭來問謝某：

「認購折實公債到底是自願的還是強制的？」

在這當口我頭腦已混亂，分不清言重言輕，也考慮不到對自己的不利影響和後果，忍耐和克制在極度憤怒下是難以做到的。

謝某不回答，也不看我，只是冷笑了一聲，然後對積極分子和登記認購數字的記錄人員說：

「隨他去，他一份不認購，共產黨、人民政府也垮不了台。」

他這樣的說法好像我是在抗拒認購，企圖政府垮台，惡毒至極。我受到這樣一連串的汙辱和誣衊，氣惱已極，真想一份不認購，立刻離開會場。可是想到我是一個無告的人，而且在政治威力控制之下，如果真被扣上破壞認購折實公債活動的大帽子，後果不堪設想，從而心中害怕，不敢走極端，盡力地忍耐等待。其他的人進行認購了，進行得很快，絕大多數人認購同一數目，好像是預先商定的，是個二位數。而且在自報公議進程中只有自報，公議只是形式，大家都是只喊一聲「通過」便了事。最後記錄問：

「還有人沒有認購嗎？」

我說：「還有我，也認購××份。」

記錄不敢記，看看謝某，觀察他的臉色，謝某只當不知，置之不理。我便催促記錄記下。他看謝某並無表情，便記下了我的姓名和認購數。最後謝某作了些指示後宣佈散會，會議就這樣結束。我懷著憤怒、恐怖、懊喪、迷惘的複雜心情，無精打采地離開會場，腦海中痛苦地思量著一個迫切的然而卻難以解決的問題：「這樣的生活我怎樣過下去，我該怎麼辦？」然而當時我還沒有意識到，我的悲慘命運由此深深地紮下禍根，正在前面等待著我。

準備赴港

　　從此以後我的處境就更加困難了。工作中經常受到批評指責，無理取鬧，並把我調去幹外勤工作，調查各廠家的生產和營業狀況。後來我才知道這是一個陰謀，有意調我外出，以便暗中偵查我的行動。有幾次我發現有人在跟蹤我，但我並不害怕，只是氣惱。我不是特務間諜，沒有越規行為，沒有犯法活動，不怕偵查。

　　一次有人在馬路尾隨我，被我發現，我不逃避反而轉身去追他，他迅速逃竄，不知去向。又有一次，夏夜我在中山公園乘涼，聽到身後樹叢中有人，走過去一看，只見倆人影，他們發覺我走近便立刻避開。有一次我寄信，在郵局買了郵票正往信封上貼時，身旁一人出奇地注視我的信封，引起我懷疑，信投入信箱走出郵局後，我覺此事蹊蹺，又進郵局想看此人是個什麼樣的人，可是看不到此人，猜想他已進入辦公室，要求郵局開箱取出我寄的信來檢查了。我那封信是無關緊要的，隨他們去檢查好了，我大可不必為它多傷腦筋。對此種種我並不恐怖和膽怯，而是憤怒和煩惱，精神上受到難以忍受的折磨，無從擺脫，日子實在難過。

同時在生活上入不敷出，愈來愈困難。別的職員陸續定級定薪，而我的工資卻原封不動，只發給「生活費」，約一百二十個折實單位。除維持本人生活外，還要負擔家庭，在困難下不得不靠舉債度日。可是那時至親好友也無不在困難之中，自顧不暇，確實無力幫助別人。

正在這時，我左胸忽然膨脹，左乳部位生一硬塊，逐漸增大，又癢又痛，夜不成寐。到醫院診治，打針幾次後未見效果，且費用很高。轉中醫看，據稱此症是由於心情抑鬱，氣血不順所致，開給我藥劑和膏藥，過了約半個月居然痊癒，其後也未復發。

這可說我當時不幸中的大幸，否則貧病交迫，不堪設想。但是肉體上的痛苦雖解除了，精神上的痛苦仍然存在，並且與日俱增。有一次，一個與我相熟的同事，他是共產黨員，能參與內幕，告訴我：局方開的一次工作會議上曾打算開我的批判鬥爭會，因王處長表示不同意用這方式來教育我而未決。這會雖未開成，但給了我一個信息，即他們開始要用強硬的手段來對付我了。

在身心雙重煎熬下挨到了1950年冬天。有一天在電車站碰見大學時的同班同學張某，他剛從北京回到家中。他由於在北京某機關任職中受到排擠和歧視，憤而離京。於是我把我的情況向他一談。正是處境相似，同病相憐。在多次會晤後，談到彼此今後的出路問題，二人都感到在這個新政權之下是難以生活下去的。極端的政策，政治的偏見，使具有民主、法制、

人權觀念的人無法適應。我二人那時所考慮的只是個人出路問
題，談不上政治觀點和企圖。他告訴我，大學時代曾在經濟系
執教的一位美籍教授，在第二次世界大戰後擔任聯合國善後救
濟總署的遠東方面負責人，解放後總部由南京遷到沖繩，在香
港設有辦事處。燕京大學經濟系的同學中已有幾人在這些部門
中工作，他也打算要去，要我考慮是否願意同去。我當時實在
不能在稅局繼續工作下去了，經濟上又瀕臨絕境，如不鋌而走
險，出去闖一下，別無其他出路。在逼上梁山的形勢下，決定
和他一起去香港。

　　解放初期，大陸有很多人想逃避現實，投奔境外，香港是
最近最方便的目的地，路費既少，又無需證明和簽證。政府對
此並不禁止，而且規定了居民赴港的手續和辦法。我恰好有近
親表姐夫婦在九龍元朗經營家禽生意，營業很興旺，解放前曾
一再邀我陪伴我母親去港在他們家暫住，遊覽港澳各地。我如
去港就可以他們家作為立腳點，再圖出路，目的仍然是想借美
籍教授之力進入聯合國善後救濟總署。

　　赴港之事一經商定，我便回蘇州家中探望雙親，說明了一
切情況，對我離開後家庭的生活略作安排，並留下了除赴港的
川資外僅有的餘錢。以後贍養的責任只好暫時落在我哥哥一人
的肩上。至於一家人如何去克服困難，當時也無法考慮周到，
只好等我在外闖出生路後再說。

　　在家中住了一夜，第二天一早與雙親告別，乘早班火車回
到上海。一回到宿舍就發現我的東西被人翻動。我便問看屋子

的工友有誰來過，他先不敢說，經我追問，才吞吞吐吐地說：好像是有兩個人來過。我對此已不以為怪，早知我是在被監視之中，時時有人在偵察我，跟蹤我。解放以來，政府防特、防反革命活動的措施無所不用其極，報紙上經常登載破獲反革命案件，不斷有人被處決，真相如何不得而知。

　　以我為例，即被認作反革命特務嫌疑，專政之下，無理可言。由於無法律保護，人人自危。我生性比較膽大，而且既已決定遠走高飛，脫離苦海，對這些觸目驚心的消息也就不很恐懼，但也不能無動於衷。回顧在一年多的短暫時期中，我在工作上生活上沒有做到唯命是從，更沒有做到表現積極，不是由於不能而是由於不願，有時還要表達自己的意見，從而暴露出在觀點上不免與當局有差異或相左。在這種情況下，即使不把我看作特務搞破壞，至少也要被看作是階級異己分子。容我這樣的人存在，是專政的障礙和禍根。接踵而至的「鎮反」、「三反」、「五反」、「肅反」、「反右」以至「文化大革命」，名稱雖不同，實質則一，都是要剷除專政的障礙和禍根。

被捕

　　1951年新年過後，我便著手做赴港準備。賣掉了收音機、手錶、衣服等作為路費，怕不夠又向朋友借了一些，湊了為數不多的錢，估計路費已夠，再多也籌劃不到了。好在到香港以後可寄居在表姐家中，總不至流落街頭，至於以後怎樣就顧不到了。當時政府並不禁止居民赴港，凡要赴港者可申述事由申請通行證。探親是種種事由中最為普遍最為簡單的事由。我既有表姐在港，又有她的地址，就準備以探親為事由，通過正常手續申請通行證赴港。不料，我和大學同學的赴港計劃遇到了節外生枝。12月中旬有一天我倆會面時，他說他妻子在北京娘家，一時不能回來，他必須先去北京一趟，和他妻子商議一下，徵求她的同意，並籌劃川資。我雖急於成行，但一想這事對他來說也是必不可免，不得不耐心等待他赴北京回來後再啟程。

　　到了十二月下旬，我到人事室去談我因健康原因不能繼續工作，請准予我辭職休養，待健康恢復另找工作。人事室說：政府沒有辭職的規定，你如有病，可到公立醫院去檢查，開具證明，局方可以給你開病假。我碰了釘子怏然而回。心中盤

算，如不辭而走有何不可。繼而一想，我已被監視，如不按正規手續辦理出境，會出問題，可能認為我潛逃而逮捕，還是慎重從事，不可冒失。1951年1月底，我突然接到通知，叫我到人事室去一趟，我立刻預感到不會是好事，但未知究竟，只有硬著頭皮去看是什麼事。人事室離我辦公地點不遠，便步行而去，一路上心情緊張，忐忑不安。留用人員因無法律保障，隨時有禍從天降的可能，我既然已被監視作反動的典型人物，這種可能性更大。臨近中午來到人事室。

「通知我來是為什麼事？」我問。

「你不是想要辭職嗎？」接待我的人反問。

「是的。」我說：「因為我身體不好，有病，這裡的工作太繁重，我頂不住，曾有過想辭職另找工作的打算。總局人事處叫我去公立醫院檢查，出具生病的證明，可以請病假休養，但不能辭職，局裡沒有這種規定。」

「你用不著去檢查了。」他說：「局方經過考慮，滿足你的要求，准許你辭職。這兒是你的辭職批准書，你可到會計科去領取這下半月的工資。」

這真是出乎我意料之外。原以為這件事要費很多周折，想不到卻解決得這樣爽快。於是立即去會計科領了十二月份下半月的工資約四十萬元，這是從六十份折實單位折合人民幣的數，是解放初期的幣制。在幣制改革後，以一萬作一的比例計算，約合四十元。我從會計科出來正要走出大門，即被門衛攔住，不讓我出去，說是局中正在開會，不許人進出，需等會開

完後我才能走，並叫我稍等一下。我頓時生疑，因為這是從未有過的事。我立即返回人事室，責問為什麼門衛不讓我出去。他們叫我等一下，去找主管來見我。過了幾分鐘，主管出來了，對我說門衛不讓我出去是出於誤會，並已通知門衛放我走了。我因中午還有約會，急於要走，也就不去管它是怎麼回事，匆匆走出大門，打算乘車去會一個親戚一同吃午飯。哪知剛走離大門約一百米，身後有人拍我肩膀，我回頭一看是兩個陌生人，身穿中山裝，其中之一面目猙獰，異乎尋常。

「你們幹什麼？」我便問。

「跟我去公安局走一趟。」

「什麼事？」我又問。

「你去了就知道了」他倆答。

「我今天有事沒空，不能去，明天再去。」我說。

「不去不行，你被捕了。」

他倆說時拿出一張逮捕證給我看，上面姓名欄中是我的姓名，案由欄中是赫然「匪特」二字。這真似晴天霹靂，一下把我震懵了。我略定一下神，急躁火爆地說：

「沒有的事，胡鬧，你們隨意抓人，我不去。」

「你非去不可，我倆是執行命令，有話到局裡去說。」

隨後一人掏出手槍指著我，另一人把我上了手銬。接著後面開來一輛黑色舊汽車，他倆把我強制押上汽車。我因過於激動，大聲抗議。

公安局就在附近，一下就到了。我被押下車，他們連推帶搡地把我押進一間小房間，其中只有一張桌子和幾把椅子，一進門便推我坐在一把椅子上。同時從外面又進來了幾個人，拿著紙張墨水和沾水筆放在我前面的椅子上，對我說：

「你要知道黨的政策，坦白從寬，抗拒從嚴，你把你的身分、組織、犯罪經過、目的、計劃、同案等詳細據實地坦白交代，爭取從寬處理。否則死路一條。」

我聽了怒不可遏，頭腦發脹，站起來大聲說：

「我決非匪特，沒有什麼好交代的。你們就這樣誣衊人、壓迫人嗎？」

他們又推我坐下，厲聲說：

「這樣就算壓迫你？壓迫還在後頭，你等著瞧吧！你還不老實？快寫！」

「不寫！」

我大聲說，隨手把紙筆墨水瓶等使勁掃在地上，他們中一人走過來，一巴掌打在我臉上，激怒之下，我用盡全力一拳回擊，打在他身上。其他幾個人立即對我圍攻。我也拼命抵抗，拿出我少年時代學的招數盡力自衛。一時桌翻椅倒，亂作一團，終因寡不敵眾，又因病後體弱，遠不是他們對手，在拳打腳踢之下，站立不住，栽倒在地上。在倒下時頭部撞在牆上，只覺金星亂閃，陷入昏迷狀態，當時仍未完全失去知覺，但渾身疼痛，不能動彈。他們七手八腳地抽掉我的褲帶，解去我的皮鞋帶，搜去我的東西，如錢、日記本等。我完全失去抵

抗力，只有任憑他們擺佈。最後把我抬到看守所，投入鐵欄之內。我不能站立，躺倒在牆角，不久便失去知覺，是昏迷還是入睡，分辨不出。

我生性倔強，雖遭此變故，備受凌辱，卻沒有哀歎自己命運悲慘，情緒並未頹喪。但是，我對前景的艱難險惡，至此已深信不疑。看來前面是一段望不見盡頭的歷程，怎樣走完不堪設想，只有去硬頂，但不知將伊于胡底。

第二章　監禁和審訊

被捕之初

　　我被毆打後，關入看守所監房內，昏睡了不知多少時候。夜裡醒來，往四周一看，房間約二十平方米，三面是水泥牆，一面是鐵欄杆，欄杆外是走廊，走廊有門通向院子。走廊中有一盞電燈，發出微弱的黃光。房間內地上橫七豎八地睡滿了人，沒有一點空隙。我的位置是在牆角一個馬桶旁，只可蜷縮，腳伸不直。房內臭氣熏人，除人的汗氣外還有馬桶中散發出來的惡臭。我一陣噁心，睡不著了，撐起身來靠牆坐著。

　　我將被捕前後的一段情景在腦海中重演了一遍，心想我到底做了什麼竟會發生這樣的事？經過苦思終於在雜亂的回憶中找出一條頭緒，這是一年多來我在局中所受到一連串迫害的發展，至此竟用誣陷的方式來置我於死地。起初我認為一個政權，尤其是在掌權之初，多少會顧到法制和人權，因而我還有可能得到法律的保護。按理逮捕和判刑總應以事實為根據，總應獲得確切的證據，總要通過正當的法律程序。我自問既不是特務，且與特務組織毫無牽連，除曾參加過一二九運動外從未參加過任何政治活動，一向是個不問政治的人，以為政治問題與我無關，政治性質的罪名決不會落在我的頭上。可是如今，

竟然把我當作政治犯，真是不可思議，完全出乎我意料之外。身經這種生死存亡的變故，我陷入深思而有所領悟。導致這樣的情況應歸咎於我的無知。這無知緣於史無前例，無所借鑒，不可能有先見之明而有所警惕。另一原因是我生性耿直，不虛偽，把自己暴露為攻擊者的目標。在當時那種困境和難堪中，我還幻想要搞清自己的問題，依靠法律的公正使我脫出樊籠。一夜亂想不能再入睡，就這樣，在昏暗燈光下，臭氣熏人中熬到天亮。

被捕之初，憤怒和悲哀兩種不相類的情緒交替地折磨著我。可是最使我憂慮的事是雙親年邁體弱，靠我和哥哥兩人微薄的收入贍養。我哥哥有家室，自顧不暇，我入獄後負擔即落在他一人身上，如何能維持下去？這精神上的折磨勝過了肉體上的痛苦。

入獄後頭幾天沒有來提審。不來提審使我很不安，不知葫蘆裡賣的是什麼藥。不過當時我實在沒有精力去應付提審，那將是一場艱苦的鬥爭。儘管身體虛弱，精力不濟，但為了自救，還得盡力掙扎。

此後不知被悶關了多少天。一天下午我正昏昏欲睡，看守忽然來喊我，說是叫我去提審。我聞聲躍起，興奮之極。他帶我走過院子、走廊、樓梯，來到審訊室。室內已有一名身穿中山裝的幹部坐著。他命我隔著一張大的辦公桌坐在他對面，用敵視的眼光看著我。此時又進來兩年輕人，坐在牆邊一言不發，是來警戒還是來監視，不得而知。

審訊開始了，彼此一問一答地進行著。主要是追問我的出身成分，「反動經歷」，參加過什麼反動組織，擔任過什麼職務，幹過什麼反人民反革命的活動，有幾個同謀等等。其中除了出身成分和「反動經歷」外，其他我都無可交代。可是他決不輕信，窮詰不捨，並說政府已掌握了我的犯罪事實，就看我坦白不坦白，同時不斷地用「你不老實」，「你狡滑」，「坦白從寬，抗拒從嚴」，「拒不坦白，死路一條」等威脅性的話來恫嚇。

我並不膽怯，甚至大聲反駁，我說：

「我沒幹過的事叫我交代什麼！政府常說要講實事求是，為什麼在嚴肅的法律問題上不講實事求是？你說政府已掌握了我的材料，那你就講吧，我如幹過，決不抵賴，甘受嚴厲處分。」

就這樣糾纏了很久，天色漸暗。旁邊坐著的人開了電燈，在燈光下又過了一些時候。提審員看來一時也逼不出更多的口供，於是收拾起一疊厚厚的記錄，叫人把我押回監房。同監的人已吃過晚飯，把我的一份留給我吃。我心緒煩亂，胡亂吃了幾口。因為提審時間太久，他們為我擔心，圍攏來問我提審的情況，我疲倦已極，但不忍拂他們的好意，簡單地搪塞了幾句。

那時還在「懲治反革命條例」頒布之前，大逮捕、大鎮壓還未開始，對我那樣的桀驁不馴，總算未用體刑。當時我也沒有想到體刑這一點，此後的情況就截然不同了。

監禁生活

　　這次提審後大約有十多天沒有再來提審。在這些難熬的日子裡遇到了一些可怖之事。其中之一是一個在押犯夜裡吞食了自己的眼鏡碎片，因疼痛難忍嚎叫起來，把全監房在押犯、看守都驚醒。起初大家以為他是患了急性闌尾炎，但睡在旁邊的一個人發現地上有一副眼鏡，只有架沒有鏡片，才知道他是吞食了碎鏡片自盡，於是把他抬走了。抬去何處不得而知，猜想是去醫院急救。反革命犯的生命本來是沒有價值的，不值得營救，但在未定案前死去，得不到口供，會對破案造成困難。

　　這一事件，辦案人和看守是有責任的。按例在押犯在被關入監房前，須把他的眼鏡、褲帶、一切金屬製品等，凡可作兇器或自殺之用的東西都要搜走。我是連鞋帶都被取走的。在押犯中有人說吞食玻璃片自殺是最痛苦最遭罪的，因為一時死不了，可又救不活，須在腸胃被磨爛後才能死去。大家聽了毛骨悚然。

　　第二天一早看守所所長就來訓話，大意是夜裡吞眼鏡片自殺的那人是反革命特務，罪大惡極，自知政府放不過他，活不成，於是自殺，企圖借此隱瞞他的組織和同犯。其實他的一切

情況和罪行政府已了如指掌，如果他能相信政策，靠攏政府，徹底坦白交代，檢舉揭發，爭取立功贖罪，還有獲得寬大處理的可能，不一定被鎮壓，不必走自殺這條絕路。他是反革命罪犯的反面教材，大家從他這一事例中應得到啟發教育。

我也是以「匪特」這一可怕的案由被捕的，見到此人的下場，不免兔死狐悲，心情久久不能平靜。那自殺的人，是否被搶救不死，不得而知。不過聽看守所所長的講話口氣來猜測，他是死了。

有一天，一個外國人關進看守所來了。他能講英語，於是便用英語和我交談。他原來是德籍猶太人，是行醫的，在希特勒掌權後曾受到迫害，坐過牢。出獄後即逃往英國，後來和一英籍猶太婦女結了婚，併入了英國籍。第二次世界大戰結束後，夫婦二人一起來到中國，在上海市開設了一所「萬國殯儀館」。解放後這殯儀館由於是外資企業，勒令停業，一切財物被查封。他因私人轎車的汽油放在殯儀館，便擅自開車進入殯儀館去加汽油，於是被捕。

我對他說：「你的問題不嚴重，很快就可以解決。」

他便問我：「你是為什麼事被捕的？」

「我是以反革命匪特的案由被捕的。」我告訴他。

他聽了默不作聲，沉寂了一刻後說：

「你的事不簡單，性質嚴重，不容易解決的。近些日子外面天天有槍斃反革命分子的消息。政治迫害是毫不容情的。我就幾乎死在納粹政權之下。」

　　我知道他所說是可信的。因為看守所中有一份報紙，在所謂學習時間由在押犯人中指定一人讀報，大家聽，然後討論，寫出發言記錄交所長檢閱。因此知道報上確實天天有破獲匪特和反革命活動的報導，而且被處決的人愈來愈多。這種消息對我的刺激很大，使我的精神處於緊張之中，交織著憤怒和恐怖。我體會到陷入這種處境，確實有性命之憂，被槍決是完全可能的。想到他是醫生，有生理知識，於是問他：

　　「一個人被槍斃，痛苦大不大？」

　　「不大，」他說：「甚至本人還聽不到槍聲便死了。」

　　我對他所說的半信半疑，便接著問：「何以見得？是否經過生理上的證明？」

　　「槍斃一般是打頭部，」他說：「痛苦的感覺是從腦神經中產生的，槍斃時子彈把腦組織破壞了，腦神經便失去作用，痛苦便無從產生。但是如果槍打不正，或打在身體別的部位，情況就不同了，就會有痛苦了。」

　　「那末殺頭是否很痛苦？」我又問。

　　「殺頭是有痛苦的，」他說：「但時間很短，因為一個人頭被殺下後，頭顱中的血液很快就流失，腦組織沒有血液便不起作用，與被破壞相同。槍斃時只要子彈打中要害，死者不會抽搐，就表明沒有痛苦。這是用動物作實驗得出的判斷。」

　　他是醫生，當然有這方面的知識，而且所說也合乎邏輯，我沒有理由不相信。和他的一席談話，似乎沒有把它寫出的價值，可是事實上對我卻有莫大的幫助，我由此減少了對被判死

刑的恐怖。在當時處境下,心理上得到了寬慰。這件事給我的印象極深,大大有益於我的精神狀態,覺得很值得記下。

我和這醫生用英語交談,不久便被看守察覺,報告了所長。所長把我叫去,問我和那外國人談些什麼,我據實相告。他警告我說,按看守所的規則,在押犯不准許用外語交談,並命我不許再用英語和他談話。因為瞭解我和他素不相識,而且他的問題不是政治性質,並不嚴重,因此只叫我寫了一份檢討書,自認錯誤,並沒有給我處分。當時大逮捕大鎮壓還未開始,對監規的執行還不太嚴格,對我也就不再追究。過不多久那醫生便被釋放了。

久久不來提審使我非常納悶,我盼望我的問題能早日解決,至於怎樣處理,也由不得我,只有聽天由命。過去一年多在工作時與黨員、幹部、積極分子相處中,已深知他們是怎樣一種人,怎樣處世行事。出於表現對共產黨的忠誠,出於投機,出於偽裝積極,也可能出於左傾的意識形態和信仰,不顧真理,不講人情,只講立場和服從命令聽指揮,把言論自由甚至思想自由都視為不應有甚至非法的行為,唯有以上級的意旨和指示作為行動的綱領和準則。即使有人有正義感、同情心,也就是俗話所謂的良心,也決不敢表達出來,只有深深地埋在心中。

我既然以反革命匪特罪被捕,凡認識我的人,即使是深知我的至親好友,沒有一個人敢對我表同情,敢為我辯解,就是站在反動立場,會被株連,會以同情反革命分子或包庇反革命

分子論罪。沾上這種「汙點」，將永無翻身之日，除非政權更迭。綜合上述原因，所有黨員、幹部、工作人員以至積極分子都一邊倒，按當時的邏輯，不倒向左便是倒向右，中間路線是不存在的。結果是沒有人敢主持正義，主持公道。

何況一個政治犯罪行的大小，既沒有公認的或公正的法律作依據，又沒有一定的標準來衡量。審判人員可隨心所欲地判犯人徒刑，無期以至死刑，但判無罪釋放是從未聽說過。審判員中沒有人敢做此決定，原則甚至可說是「只能捉不能放，只能偏重不能偏輕，錯捉錯判，不成問題，輕放輕判，那末當事的辦案人和審判人員便要以偏袒犯人或失職論罪。」這些情況是在我被監禁和判刑前後較長一段時間中，根據所見所聞而領悟到的。

在看守所中也不知過了多少天。監房中是見不到陽光的，白天陰暗，夜裡昏黑，再加屋小人多，空氣不流暢，關押在裡面，苦不堪言。有一天忽然外面開始放鞭炮，監內人知道是過春節了。上面已提到，在被捕前不久我曾去過家鄉一趟，住了幾天返回上海市。臨行時曾對雙親說我在春節前一定回去，一起過春節。這一諾言不能實現了。他們可能還不知道我已被捕入獄，等我不來，又無消息，一定非常著急。而且我還準備籌劃些錢給他們，現在落空了。我家自抗日戰爭爆發以來，景況一向不好，解放後更為困難，幾至朝不保夕，斷絕了接濟，生活難以維持。這使我憂心如焚，沒想到過去在小說裡、故事裡讀到的淒慘情景，現在竟在我的生命中出現。

　　就在這些日子裡，看守所中的在押犯愈來愈多，調進調出也愈來愈頻繁，其中以反革命犯占絕大多數。有幾個人是在辦了反動黨團登記以後被捕的。據說凡屬國民黨員、國民黨外圍的反動政黨黨員和三青團團員以及曾在反動政府任過公職的人員都要登記，交待各人的職務和反革命活動等等。只要徹底坦白，交待清楚，便可放下包袱，免予追究。可是沒有去登記倒沒事，一去登記便被抓進來了。罪名是「登記不誠」或「避重就輕」或「蒙混過關」等等。這時報紙上公佈了「懲治反革命條例」，接著就是大逮捕，一夜之間捉了數以萬計的反革命分子。捉進看守所的人因此更多，人滿為患。

　　小小的監室幾無立足之地，臭氣熏人。室內僅有一個大便桶，遠不夠應用。早晨打起床鈴後，大小便要排隊等候。滿了一桶後須由犯人抬出去倒了才能繼續供人大小便。等候的時間太久，憋的實在難受，我有幾次幾乎失禁。這在名義上算不上體刑，實際上苦不堪言，難熬程度恐怕不亞於體刑。夜裡睡覺時，因每人躺下所占面積更大，更是磨肩擦背，不易容身，雙腿也不能伸直，只能曲身縮作一團，大家擠在一起，情況有如豬圈。伙食初時雖粗劣還能吃得下去，後來米飯竟是夾生，又帶泥沙，不堪入咽。在這樣的日子裡，我一天天消瘦下來，摸到身上的肋骨漸漸突起，身體感到疲乏，頭感到暈眩。我天天盼望再來提審，以便早日定案，不管死活，早日脫離困境。

欲加之罪

　　就這樣盼著盼著，眼看著比我後進來的人很多陸續調出，去向不明。但我卻仍然不動，心中焦急。又不知挨過了多少日子，一天中午開飯後，一名看守忽然來叫我的名字，傳我去提審。我聽到後心直跳，並不是由於害怕，而是由於興奮，心想這下可有變動的希望了。窮則思變真是常情。我被叫出去後，由一名公安人員押我走出監房，進入走廊，然後出一道鐵門到院子中。那天天氣晴朗，陽光燦爛。我因久居在昏暗中，突然走到陽光下感到刺眼。抬頭一看院子裡的樹已發出嫩芽，枝頭小鳥不斷鳴啾，一片初春景象。我被捕時是春節前不久，現在想來早已開春了。

　　這次提審在一間像是客廳的房間中進行，大概是由於提審人次太多，審訊室和辦公室已不夠應用。提審人員仍是前次那人，另有記錄員一人同在。二人表情嚴肅冷漠。提審的內容除以前追問過的事情又增加幾項莫名其妙的事，問我有沒有和台灣通過密碼無線電，說我有計劃參加太湖一帶國民黨軍隊殘部，一起打游擊戰攻擊解放軍，進行反共反政府活動等等。

　　他們提出這類毫無根據的問題，表面看來只覺得荒謬，其

實用意中含有殺機，因為這些罪名可作為判處死刑的依據。而且用「匪特」案由逮捕和法辦反革命分子可說是無往不利。家屬和至親好友聽說你是匪特，只有瞠目結舌，驚恐而不敢說你不是，很可能懷疑你真是。從事特務活動的人本來就是極端保密的，即對家人也守口如瓶，不露形跡。如果扣上現行特務活動的罪名，那麼處以極刑，便是「罪有應得」。在當時的局勢下，這種情況決不是言過其實，更不是危言聳聽。

我當時自忖在劫難逃，從而不存在僥倖心理，這樣反而使我壯起膽來，侃然辯護。

我說：「你們問我和台灣通過密電沒有？請問通密電要有電台，我沒有電台用什麼工具去和台灣通密電？我住在集體宿舍，一間房間住很多人，整天整夜還有工友看守房間，我有可能私藏電台和祕密通電嗎？你們又說我想要去加入國民黨殘餘部隊，在太湖一帶打遊擊，進攻人民解放軍。那麼以前認定我要赴港投匪的罪行是否還成立？我只有一個身體，分身乏術，要去香港不可能去打遊擊，二者一在國內一在國外，我怎能一個人同時在兩地進行活動？」

經我這樣一辯駁，他們一時不能作答覆，啞口無言，繼而惱羞成怒，厲聲說：

「你是人民的死敵，我們說你想要幹這，又想要幹那，並不矛盾，你是什麼壞事都想幹。我們苦口婆心要你坦白交待，努力自救，爭取寬大處理。共產黨的政策一貫是坦白從寬，抗拒從嚴。你現在一昧狡辯，就是在抗拒，死路一條。」

　　這「死路一條」似乎有兩種含義：其一是走向死亡；其二是此路不通。我也辨別不出是哪一含義。他們這種話聽來可怕，卻並不是恫嚇，而是實情。我雖明知我的態度對自己不利，可是在憤怒之下失去克制，並非勇敢和無畏。雙方舌戰至此暫告一段落，然而提審還並未結束。關於我企圖赴港投匪和收聽「美國之音」、造謠等問題上，又重複和我糾纏，不厭其煩地追問細節。我一再說明我並不要去台灣，而是要去聯合國善後救濟總署。該署在亞洲的負責人以前是燕京大學經濟系的美籍教授，我曾聽過他的課，認識他，想通過他的關係進入該署，據知已有幾名燕大畢業生在他那裡工作。我又說明聯合國是世界性的和平機構，不是反動組織，我想到那裡工作決不能視作投敵和犯罪。而且我是為了求職謀生，更談不上反革命活動。至於收聽「美國之音」，我也認識不到有罪，政府那時還未明令禁止。關於說我造謠，我只是在談話中偶爾提到美國電台的報導，並非我無中生有的造謠。

　　提審員聽了我所說的話，按捺不住，拍案厲聲說：「這樣說來你一點罪也沒有，是我們抓錯你了。你們知識分子確實狡猾，沒有理會辯出個理。就算你想逃往聯合國，聯合國在哪兒？不是在美國紐約嗎？美國在朝鮮和我國作戰，是我們的敵人。你想去美國不是投敵是什麼？你說收聽『美國之音』不是犯罪，美國是敵國，『美國之音』是敵台，盡播不利於我國的宣傳和謠言。你非但收聽而且傳播，替敵人作宣傳，作他的爪牙，這種危害性你不是認識不到，而是甘心與人民為敵，想挖

中華人民共和國的牆角，想推翻共產黨的統治。」

在當時抗美援朝的戰爭時期，這些話足以置我於死地。對他們來說我是死有餘辜。在這樣的形勢下我當然也體會到這些話的分量，同時也醒悟到為自己辯解毫無用處，反而加深衝突，加深矛盾。本來或可逃得一命，但如繼續「抗拒」，不但無濟於事，且有受體刑的危險。死雖不足懼，可是受刑是難堪的。想到這點，心中害怕，只有默不作聲，不敢再反駁，一切聽天由命。本來自己已是甕中之鱉，處於任人宰割的境地，掙扎或抵抗都是徒勞。

這次提審進行了整個下午，從中午起一直到晚飯。提到的問題很多。提審將結束時，提審員拿起桌上的一大疊材料向我一揚說：

「你看這些都是關於你的材料。共產黨人做事最講認真。我們不惜人力物力，把你的反動經歷和反革命活動調查得一清二楚，都有人證、物證、時間、地點。現在的問題不是怕你不肯坦白交待，一切材料都已掌握，你是抵賴不掉的，而是看你是否相信黨，相信政府，有悔改表現，主動坦白交待，檢舉揭發，努力自救，爭取寬大處理。」

聽到這一套教條，我一陣噁心，可是不敢吭聲，低頭不語。提審員見我不作聲，或許以為我已接受了他的意見，有了悔改之心。也可能他自己也感到疲倦，無意繼續糾纏，於是對我說：

「今天就到這裡。你回去好好想想，作一番思想鬥爭，把你的所有反動經歷和反革命罪行完全徹底地坦白交待，你才能放下思想包袱，爭取寬大處理。好啦，就到這兒，過幾天再來叫你，現在你回去吧。」

他說完後打鈴叫來警衛把我帶回監房。這時已是掌燈時分，院子裡已經昏暗。回到監房，晚飯已經開過。同監的人代我留下了一鋁盒的飯，上面有幾片鹹菜。我雖久未進食，可是心煩意亂，吃了幾口便吃不下去，心想，盼望多日的提審，本想藉以搞清我的問題，早日結案，不料節外生枝。提審中除了以前提過的幾個問題，如企圖去港轉去聯合國善後經濟總署、收聽「美國之音」、造謠、在何時何地同何人談外國電台關於當時朝鮮戰爭的報導、在何時何地同何人講過攻擊共產黨和人民政府的言論等等之外，又出乎意外無中生有地增多幾項莫須有的罪名。用意何在，不言而喻，無非是要加重我的罪名，從嚴懲處。

在這種情況下，辯駁是毫無用處的。由於與我遭此同樣命運的人不計其數，所以對當權者和辦案人來講，可謂司空見慣，不足為奇。在這次提審後，看來我的問題比預料的要複雜得多，不是容易解決的，因此憂心忡忡，坐臥不安。這種精神上的折磨是我有生以來從未經歷過的，恐怕也不是有法紀有人權的民主國家的人民所能想像的。

車站路看守所

　　那次提審以後，我仍被關入令人難熬的監房。自己感到身體日漸虛弱，摸著自己的身體感到瘦下來了，面貌有何變化，因無鏡子可照，不得而知。伙食粗劣，空氣汙濁，室內潮濕，不見陽光。夜裡睡不好覺，白天整日呆坐，無走動的餘地，再加思想上的憂慮和傷感，夾雜著恐怖，在這樣的處境下，健康狀況不可能不惡化。就這樣又不知熬過了多少個整夜，監房中的犯人調入調出更頻繁了，到後來是入少出多，監房中擁擠程度有所減緩，什麼原因不得而知。猜測是被捕的人數減少了，其實是因為一部分被捕的人不經由公安局看守所，而是直接送到監獄。這情況是我在轉押到那裡後才知道的。

　　在看守所中的在押反革命犯，一般只拘留一星期左右便被調走，至多也不超過半個月，而我卻被扣押了將近兩個月，使我越來越煩躁不安。想來是由於我的案情複雜和嚴重，因此心情極度惡劣，度日如年。

　　有一天陰雨，我正昏昏欲睡，一名看守忽來喊我：

　　「某某某，醒醒！今天你要調走了，趕快把你的東西收拾一下，打好鋪蓋，等一下來叫你。」

「調我到哪裡？」

「到了那兒你就知道了。」

他不肯告訴我要調到什麼地方使我很疑慮，但是不管是好是歹，能有變動，能調離當前的苦海，多少把我從沉悶不安中暫時解脫出來。過了約摸一小時，果然來叫我了，命我拿著自己的東西走出剛打開的監房鐵門。我所有的東西雖不多，除鋪蓋中一條薄棉被、一條毯子外只有一只大搪瓷杯和牙膏牙刷毛巾之類，總共不過二十來斤，可是由於身體虛弱，拿起來也覺費勁。這些東西都是在我被捕後，看守所派人到我宿舍中取來的，我的其他東西和一些錢不知下落了。我所最關心的是兩張大學畢業證書，一張是中文的，一張是英文的，是不久前從家中整理出來的，準備在國外證明學歷之用，也不知去向。

在催促聲中，我被戴上手銬，登上一輛黑色警車，車上除司機和一名押送我的公安人員外只有我一個人。與一般一車押送許多人的情況截然不同，原因何在我至今不明。車門一關上，車廂中一片漆黑，隨後聽到發動機開始轉動，車子慢慢地開動，開往哪兒不得而知。我心中納悶，為什麼這次一輛車專為押送我一個人，想來情況不妙。

車子走了相當久，忽然一個急轉彎便停了下來。車門打開了，只見是一片廣場，約有一個足球場大，空蕩蕩不見人影。此時天色已晚，看不清四周情景。公安人員命我下車，押我走到廣場盡頭。迎面一座磚木結構的老式樓房，有三四層高。大門內外有好幾個公安武裝人員把守。進了大門是一道走廊，直

通一長方形大廳，大廳很大很高，二樓和三樓監房外的走廊即
圍繞大廳上空。在大廳底層仰視，即可通過走廊的欄杆看到各
監房的門。整座樓內的門柱子和地板都漆成鮮紅色，與白色的
牆壁成強烈的對照。大廳四周、樓梯處、走廊四周，到處是武
裝人員，手持長槍或短槍，如臨大敵，充滿恐怖氣氛。我被押
到樓梯旁的房間中，室內已有幾十名犯人成列坐在地上，低頭
不語，因此人雖多卻鴉雀無聲，一片死寂。室內一名幹部口氣
嚴厲，面帶怒容，命我依次坐在後排末尾，低下頭，不許東張
西望。隨後，進來了幾名幹部，帶著文件夾，先是點名，然後
厲聲說：

「你們知道這裡是什麼地方嗎？這裡是華東地區關押反
革命犯的最高機關車站路看守所。你們都是罪大惡極的反革命
分子，是人民的敵人。你們要知道共產黨和人民解放軍是無比
強大的，群眾的眼睛是雪亮的，你們為非作歹逃不出人民的法
網。現在被逮捕了，就必須在此老老實實地交代問題，努力自
救，爭取寬大處理。坦白從寬，抗拒從嚴，立功贖罪，立大功
受獎是政府一貫的政策。你們如果執迷不悟，堅決與人民為
敵，死路一條。」

這類話我已聽過多少遍了，所以思想上也沒有特殊的反
應。訓話完畢，我們二十來人便被押到樓上，順序關入監房，
每間關進一人。我被關在二樓的一間監房中，面積約二十平方
米，白色牆，紅色地板，紅色門。門對面牆的頂端有一小窗，
離地有三公尺，從中可見天空和透入光線。房間左邊的牆上，

頂端有一小空隙，其中有一盞電燈，原來是和隔壁的房間合用一盞燈。室內已有二十來人，每人平均所占面積約一平方公尺，情況比公安局看守所稍好一些，夜裡睡覺還能伸直腿。牆角有一木製大便桶，早晨起身後和晚上臨睡前，大小便也要排隊等候，這是生活中最煩人的事，只有默默忍受。

這看守所既被告知是關押反革命分子的最高機關，它的嚴厲和可怕可想而知。共產黨是不用政治犯這一名稱的，唯恐政治犯這名稱會提高反革命犯的身分。後來我在不斷的調動中接觸了無數的犯人，得到了很多信息，才知道關押到這裡來的犯人，絕大多數被判死刑或無期，判有期徒刑只占少數。有極個別因錯捕而釋放，稱為「教育釋放」，表示是由於罪行輕微而不是錯捕。因此深知內情的人們有這樣的說法：一旦被關到這個看守所，一半性命沒有了。

這看守所的紀律極嚴，沒有人敢違犯，否則就會因抗拒而自趨絕路。這裡的主要任務是搞清犯人的罪行，調查和逼供雙管齊下。一方面派人各處找罪證，一方面用鼓勵、恐嚇、欺騙、精神折磨以至體刑來逼使犯人招供和檢舉，提審日夜不息。有時夜半提審，乘人不備，不易偽供。有的人加上鐐銬，關入重刑犯牢房，內中情況不得而知，因為這類犯人後來幾乎都被處死，不可能把情況傳出來。

監規詳盡，條目繁多，我現在所能記得的有：不准低聲交談，交頭接耳；不准互談各自的案情；不准互報外界的事，尤其是國際形勢和朝鮮戰爭。有文化的人除坦白交代本人的經歷

和犯罪事實外，還要代替沒有文化或文化不高的犯人代寫坦白材料，我便是被定為幹這差使者之一。這是一種很不容易幹的工作，凡是反革命特務犯人的情況大多很複雜，過程很周折，牽涉面很廣，再加有一些閩、粵、徽、滇等省人，普通話不會說或說不好，替他們代寫坦白材料更為困難。我在這看守所中除搞自己的問題外，這項工作做了不少。監房中光線不足，每天在黯淡燈光下寫材料，日子一多以至兩眼發炎紅腫，早晨起身後，兩眼被眼糞糊住，睜不開眼。我不得不勉為其難，以對處理本人問題時有利。

看守所裡，犯人要輪流值日，值日的事除抬馬桶外都不是重活，但因人數多時間緊，也非常緊張。倒馬桶的任務確是一種苦差事。那馬桶很大很高，坐在上面兩腳懸空不能著地。為了要容納幾十人一整天一整夜的大小便不得不這樣大。每天清早都是滿滿一桶，抬起來非常重而且腳步要很穩，否則糞水要潑出，體力差些的人是很難勝任的。如果把馬桶倒翻那將闖出大禍，因為所有被褥衣服碗筷和其他用品全都放在地板上。好在我被監禁的時期內，監房中未曾發生這一災禍。

我被關入看守所監房後，只調過一次監房。每天起身到睡覺，除兩餐以外全部時間都用在緊張的學習上。所謂學習就是上大課、講政策、宣讀文件、公佈條例等，多數是通過擴音器傳達，少數是集合後開大會傳達；開鬥爭會，有大會鬥爭，小組鬥爭，以貫徹啟發教育和互相幫助的作用；再者就是提審和寫材料等等。所有這一切都是為了促使犯人坦白交代和檢舉揭

發，達到據以定案這一目的。

　　每間監房有學習小組長一人，掌握學習，保管學習文件和坦白交待檢舉揭發材料。這小組長到底是什麼身分，誰也不清楚。據他自己說也是犯人，可是他絕不談本人的事，使人懷疑他是個暗派的幹部，但誰也不敢問。他有極大的權威，領導小組的幹部似乎很信任他，因此大家都怕他。他發號施令，頤指氣使，甚至處罰人，沒有人敢違抗。

　　我從公安局看守所調到此地，細節上雖有不同，但總的來講不外乎逼供和誘供，而後者更富於恐怖氣氛。在此經常聽到腳鐐鋃鐺和押送犯人的警車呼嘯聲，據說那是押送犯人到江灣刑場執行槍決的。

　　有一天晚上我的監房中新關進來一個犯人，學習時分派他坐在我旁邊。這人很年輕，二十多歲，身強力壯。相處幾天後彼此稍熟，我暗下低聲問他是幹什麼的？什麼事被捕？他起初不答，繼而用右手食指彎了兩下。我不懂他的意思，又不便追問，因為這是犯監規的，如被別人聽到了檢舉，是要招禍的。我倆的低聲問答是趁開飯前後、初起床後、臨睡前，室內亂哄哄的時候。後來在開飯時，分飯分開水大家在忙亂中他才極小聲地告訴我，他是公安隊員，駐紮在江灣刑場，任務是槍決死刑犯。我聽了一驚，原來他是劊子手，我這才明白他先前用右手食指彎幾下是表示開槍的動作。至於他為什麼被捕入獄，話太長不便細問。我只問了被他槍決的人多不多，他只點了一下頭便不再作聲。

　　學習小組長曾說：「你們出去有三種車可坐，一種是三輪車，那是回家；一種是黑色警車，那是押送到監獄判徒刑；再一種是紅色警車，那是押送江灣刑場執行槍決。你們務必要相信政府，徹底坦白交待，檢舉揭發，努力自救，爭取坐上三輪車，至少也要爭取坐上黑色警車，雖被判刑還有生路，還有前途。千萬不要弄到坐上紅色警車，落得可悲可恥的下場。」

　　由此可見，那劊子手所說證明了小組長的話不是在嚇人，而是事實。從每天上下午兩次警車呼嘯聲，從監房中不斷押進押出人數之多，再從那劊子手所透露的來看，被槍決的人決不在少數，這情況在我這樣一個還在偵查審訊階段的未決犯的精神上投下了陰影。

定案

　　我被關入看守所以後，除了去大廳聽大課和被叫去談話瞭解我的情況外，並沒有正式提審。可是有些人卻天天提審，有的人甚至在半夜裡被叫去提審。目的不外是乘被提審人在瞌睡朦朧中不易編造謊言，不能自圓其說，易出破綻，從而偵破案情。這一辦法據說對案情複雜而且不肯吐真情的犯人經常使用。據我猜測凡是案情嚴重複雜、同犯多、牽連廣、對問題不易搞清的人提審就頻繁。以我而言，案情既簡單又無同犯，因此提審就少。但是罪行大小，判刑輕重卻並非與此有必然的聯繫。不來叫我去提審總是使我焦急不安，尤其是天天過著那樣恐怖難熬的日子。

　　就這樣不知過了多少天，有一天終於來叫我的番號，去提審了，我既高興又緊張和恐慌，帶著這種複雜心情去過這一難關。

　　提審是在一間很小的房間中進行的，除提審員和我本人外別無他人。提審員提出的問題與公安局看守所提出的問題，內容幾乎全部相同，不過是老戲重演一遍。最後提審員卻提出了一個新問題使我很吃驚，他問我是否陰謀拉攏落後分子組織反

動組織？這下可把我弄懵了，有如一個晴天霹靂，猝不及防，一時竟不知說什麼。

我在氣憤之下激動地反問：「說我企圖搞反動組織，更是無稽之談，我既出國怎能想要留在國內搞這項活動？再說既要搞組織必須有同伴，同伴是誰？在哪兒？我一個人是搞不成組織的。你們憑空提出這種毫無根據的問題，到底是什麼意思？」

車站路看守所的提審員是專對付反革命犯的，要比公安局看守所的提審員嚴厲得多，所以表情冷酷，好像有絕對權威，不容犯人置辯或反問，對我敢於反問感到驚奇。於是又反問我：

「你怎麼知道我們沒有根據？我們是根據對你的揭發材料來審問你的。你對什麼人說過什麼話，你打算怎樣進行活動，都有人證物證、時間地點，你想抵賴得了麼？即使你不說我們也已知道得很清楚，來問你是提示你一下，看你坦白不坦白，有沒有認罪的表現。你認為你不坦白不承認便不能判你嗎？現在是人民的法律，以事實為依據，沒有口供也照樣判你。」

在這種情況下我雖明知被誣陷，卻申辯不清，且恐當時會愈辯愈糟。

提審員見我不吭聲便說：「你回去好好考慮，作思想鬥爭，限三天內把詳細情況一絲不漏地寫出來。你如果不照辦，後悔莫及。」

就這樣又把我押回監房，這時我心理上的壓力更大了。

我自幼身體健壯，情緒穩定，可是經過逮捕後長時間的折磨，身體頂不住了。這次提審後回到監房，不思飲食，夜不成寐。繼而頭痛發燒，病倒了。三天期限已過，我的材料還未交出，心中又著急，學習小組長奉命向我催交材料，見我躺倒不能起身，只好放寬期限。我昏昏沉沉地躺了許多天，並服了一些成藥，漸漸退燒，又繼續休息了幾天。所謂休息就是獲准躺在牆角，免予正襟危坐地參加學習，免予列隊去聽大課，免予參加鬥爭會。輪到當值日，生活上的雜事如領飯領開水、分飯分開水、倒馬桶、擦地板門壁等等也可輪空。

在我身體稍微恢復後，學習小組長傳達上面命令，要我在兩天以內交坦白材料，決不再放寬。我為這件事思想激烈鬥爭。我想如果順從他們的意見，承認我曾有過搞反動組織的企圖，從而避免了所謂抗拒，避免了正面衝突，情況可能會好一些，而且只有企圖而沒有具體行動，不致構成嚴重罪行，可能得到從輕處理。

但是繼而一想，對這樣嚴重的問題我不能默認，不能自己誣陷自己，不能把自己沒有幹過的事承認下來，使虛構成為事實，而且與共產黨對立的組織是共產黨最忌諱最痛恨的事。我隱約記得學習過這方面的材料，號召加強對反動組織的苗頭的警惕，要消滅它在萌芽時期。我如不把這一類的罪行堅決否認，很有性命危險。再說如承認了，那末偽造事實來誣陷我的人就會因功受獎，更為得意，並因此獲得更大的信任，從而進一步搞陷害人的勾當來損人利己，這是最令人難忍和痛恨的事。

　　考慮到這些，我便動筆寫材料，據理力爭，不屈於當時形勢。我所持的反駁理由很簡單，就是說以前多次提審中已把我企圖赴香港轉去聯合國的罪行確定，我本人也已承認，這件事就已定案了。現在卻又說我企圖搞反動組織，那末前者與後者是互相矛盾的，我分身乏術，要從事前者就不可能從事後者，反之亦然。你們對揭發材料應詳加調查核實，不能偏聽偏信，不能以此為依據來進行逼供。我匆匆寫完這份材料，填上番號姓名，打上指印就交了，後果如何聽天由命吧。交上材料後我難免忐忑不安，生恐這材料招致災禍，可是出乎意料之外，一連多日沒有來叫我。

　　有一天下午公安人員又來叫我了。穿堂過戶，經過幾道周折，把我帶到一排平房前。經這次走動看到這個看守所規模宏大，樓房平房很多，事實上是一所大監獄，只稱為看守所恐拍是因為關押的都是未決犯。一排排的平房前都有公安部隊站崗，氣氛森嚴。我被帶到一間平房，屋前也有公安部隊看守。屋內陳設簡單，只有正中一張桌子，兩張椅子，桌子對面離開約四公尺有一張椅子。桌子正中坐著一人看來是提審員，旁邊坐著一人看來是記錄員。我便坐在桌子對面的椅子上，雙手被手銬銬在椅子扶手上。屋中只此三人，公安人員已退出門外。審問開始，先是照例問姓名年齡籍貫等，然後問個人經歷和「罪行」。我便一一如實作答，但關於「罪行」，我只述事實，思想上不認為是罪行，並且有的我承認，沒有的我依然據理反駁，堅決不承認。這些事已經炒冷飯炒過多少次，我已講

得十分厭倦了。不知是什麼原因提審員也並不多追究，對我的反駁不置辯，只是冷漠地不厭其詳詢問動機、經過等細節。

這樣他問我答進行了約二小時多，見到窗外天色漸暗，估計已到晚飯時刻，提審員好像想要結束，冷場了一會兒，可是又繼續提了一些問題，是我料想不到的，也想不出與我的案情有什麼關係。記得其中有一則問我某月某日和某人一起去逛吳淞口，有沒有這回事？目的是什麼？諸如此類，這種問題據我看來是毫不相干的事，問此究竟有什麼用意，莫明其妙。

提審完後，把我鬆銬，叫我看記錄並在每頁上蓋指印。我一看記錄一大疊，約有七八頁之多。前兩頁是姓名番號年齡籍貫出身和學歷經歷等，其後便是提審內容，是用一問一答形式記錄的。有很多處所問沒有記全，所答更沒有記全，甚至在答字下面完全是空白。我隨手翻了一下也未細看，便問：

「記都沒有記全，這樣多的空白就叫我蓋指印，承認是我的口供？」

他二人面面相覷，不能作答，一聲不吭。我繼續把記錄看了一下，凡是記下來的還沒有出入。這記錄員是個男青年，不足二十歲，文化程度想來也不會高，叫他擔任這種繁重的記錄工作，當然不能勝任。我心想在沒有法紀沒有人權的情況下，他們想把你怎樣就可把你怎樣，即使記錄記全了，對我又有什麼好處？反正這條命已掌握在人家手中，隨它去吧，空白處隨他們去填寫吧。如果要求把記錄記全又不知要費多少口舌和精神。當時我身體虛弱，精神已瀕臨崩潰，實在不願再多周折，

於是一言不發，毫不猶豫地迅速地在我的姓名下面蓋上指印。

他倆看了看又說：「頁與頁的騎縫處也要蓋指印。」

我心想記錄記不全，要人蓋手印卻這樣認真，真是可笑。我不置一詞，完全照辦。他倆對我的爽快蓋指印又不多事責問記錄不全似乎很滿意。

我由於理直氣壯，心不虛，便問還有什麼事要問現在就問，省得再來叫我。提審員想了想後說：「目前沒有了，你先回去吧！」

於是我又被帶回監房，當時已到開晚飯時刻。看來這次提審可能是定案，因為以前提審沒有記錄員作記錄，也沒有叫我蓋指印。果然以後沒有再來叫我。

紅色警車

　　天氣漸暖，監房內人多，又沒有洗澡，人人散發出汗氣，愈來愈臭，空氣汙濁不堪。監房中無日曆，又無報紙，也不知過了多少日子。一天午飯後，公安人員突然來叫我的番號和姓名，通知收拾東西要調走。

　　我一向比較鎮靜，不會慌張，但此刻也緊張起來。因為同室犯人中有一句口頭禪，「調出監牢，性命難保。」我雖不盡信，但這句話對我的思想多少發生了影響，此刻心中慌亂，不知所措。

　　同室的犯人見我發呆，催促我：

　　「你還不趕快收拾行李，不一會兒就要押你走了。」

　　他們由於同病相憐，富於互助精神，七手八腳地幫助我打鋪蓋，捆東西，並在我的鋪蓋中塞了很多肥皂和手紙。

　　剛收拾完畢，公安人員便開門來叫我出去。我艱難地背起鋪蓋，提起捆好的臉盆雜物，走出監房。

　　臨出門時我回頭向同室的犯人說了一聲：

　　「再見。」

　　他們也對我說了一聲：「再見。」

其實這「再見」意味著今生彼此永遠不會「再見」了。

我被押出監房後，被押到樓下一間大廳。廳中已有一百多犯人排成縱隊坐在地上，全都低頭彎腰，不敢交談，更不敢東張西望。我因後到，坐在最後，不易引起注意，略抬頭可以看見二樓走廊上武裝人員持槍環立，注視著樓下大廳中的犯人。大廳前端有一張長案，上面堆放著一包包的東西，大小不等。有好多幹部在叫名發放這些東西。我因坐得遠，看不清是什麼東西。等到叫我名字前去領東西，打開小包一看，才知道是我在公安局看守所被捕時收去的手錶和一些錢。那時是幾十萬元，折合幣制改革後的幾十元。發還我這些東西使我心中一寬，以為可能要放我出去，但按形勢來看，又不像有這樣的好事。

果然，聽到發給另一犯人東西時，有一幹部拿了一個打火機，問另一幹部：「這東西能不能發還給他？」

另一幹部說：

「不能發還給他，我們另立清單，一起直接移交給他們。」

從這段交談中可以聽出被放出去是不可能的，否則打火機為什麼不能發還？又說是另立清單一起移交給他們，可見是把犯人轉押到另一地方。我的幻想一下子被撲滅。

東西發完後，為首的幹部命令大家起立，兩人一對地連銬起來。這樣一來，犯人拿起各自的行李更為困難。大家排成四人縱隊，蹣跚地走出大樓大門。廣場上佈滿了武裝部隊，還停

著許多紅色大警車、吉普車、摩托車。犯人們便從武裝部隊手持衝鋒槍的槍口前穿過，登上紅色大警車。我心中一驚，監房的學習組長曾說過：千萬不要弄到坐上紅色警車，那是押犯人去刑場的。難道我真的就被送去刑場嗎？依我看我的問題還未弄清楚，就這樣被處決嗎？

自被捕以來，可能被處決的思想時時在腦海中盤旋，時間一久有些麻痺了。可是我自忖一生從未幹過壞事，從不損人利己，從未犯過法，一向以法紀和道德約束自己，而且從未參加過政治黨派，從未從事政治活動，想不到而今竟會以政治上的罪名死於非命。這對家人，尤其是年邁的父母將是多麼大的打擊，這確使我悲慟之極。如果思想上沒有牽掛，沒有因冤屈而憤慨，一死本不足道。

登上紅色警車後，車廂後門即被扣上，車廂中頓時一片漆黑。等了一會兒，眼睛對黑暗漸漸適應，略能看見東西和人形。車廂後門上端有幾道透氣細縫，稍有一些微弱的光線透入。我正好坐後面最末一個，便把發還的手錶從口袋中掏出，戴在手腕上。表已久停，我等車子開動後，立即擰上發條，手錶開始走起來，我把指針撥到一個正點，目的是為了想知道車子走多少時間到達目的地。如果車子走了超過半小時，那就是到刑場。因為市內各地間的距離，一般都是在汽車行走半小時之內，只是江灣刑場離得很遠。

車子走了二十分鐘，感覺到車子走上坡又走下坡，那肯定是過一座橋。因為全市車子走不到有上下坡的地點，而且這

座橋正是開往刑場的必經之路。從此地開始，再走半小時便可抵達刑場。可是出乎意料，車子過了橋才走了五分鐘便停了下來，這不是刑場，刑場沒有那樣近。隨後聽到沉重的鐵門開動聲，這不是刑場，刑場是沒有大鐵門的。

車廂中見多識廣的犯人在輕聲說：

「提籃橋監獄到了。」

第三章　提籃橋監獄

窗外的槍聲

　　一進監獄，所見的情景給人的印象與看守所很不同。後者佈滿了公安部隊，氣象森嚴，聲勢嚇人，而監獄內見不到公安部隊，裡面的幹部和工作人員對犯人也並不很嚴厲。犯人們可以互相低聲交談，也可向四周觀看，沒有人來禁止，氣氛比較緩和。可是從建築物的空隙中可以看到監獄的大圍牆十分堅固，高達五米以上，牆頭還有電網。所有監房都是六七層的鋼骨水泥大樓。除監獄大門外，每座樓進口處，每層樓的樓梯口，每間監房都有圓鋼條門。每座門安裝了特殊的鎖，須用鑰匙轉動三下才能開鎖，要想撬開是不可能的。在如此堅固嚴密的防範下，逃跑或暴動無疑是被有效地防止了。如果一間監房出事，擴散不到其他監房；一層監房出事擴散不到其他各層；一座樓出事，擴散不到其他樓。

　　整個監獄的監房都是極小的房間，長約二公尺，寬約一公尺半，水泥地。牆角放了一個木製便桶。按監房規定，所有的被褥衣物必須整齊地疊放在便桶對面的牆角。一間監房住三個犯人，其中兩個人靠牆的一邊端坐，腿不許伸直，留出另一邊的牆邊給另一人在一公尺的空隙上來回走動，情況如同鐵籠

關著的野獸。端坐和走動的三人按次序輪換，每一輪多少時間沒有規定，因為沒有鐘錶，無法掌握，只由三人自行決定。一般由走動的人做主，走累了便自動坐下，由另一人輪換。我初進去時，這樣一間房住三人還不覺很擠。其後一間住進四人，在天氣最熱的日子裡竟住進五人，擠得滿身冒汗。夜裡睡覺，一頭二人，一頭三人，擠得緊緊，肉碰肉，頭碰腳，翻身都困難，恐怕豬圈裡的豬睡時還比我們鬆動一些。

為什麼會有這樣多的人關進來？據後來入監的犯人透露：一天夜裡，全市通宵進行大逮捕，各公安分局看守所關滿了人，容納不下了，便陸續往監獄送。看守所本來是專用紅色警車押送罪犯去刑場執行槍決的，後來未決犯太多了，黑色警車不夠用，於是紅色警車也用來押送未決犯。其實這情況在大逮捕以前已經存在，我本人也是因此被紅色警車押來的。

關進監獄以後，除偶爾在監房中聽走廊上擴音器廣播黨的政策、國內外形勢、罪犯應有的認識以及對罪犯鎮壓與寬大相結合的政策以外，提審、鬥爭、逼供等事卻都沒有了。雖然自己的問題還未解決，對我的處理仍是懸案，至少使我暫時鬆一口氣，精神上暫時比較安定，但對家人的思念和對自己的生命的顧慮卻片刻不能消除。

天氣愈來愈熱，五個人整天整夜地擠在三平方公尺的小監房中，實在難受，我終於受不住，發痧病倒了。在當時情況下當然得不到好的醫療和休息，只是吃了從看守處要來的痧藥水，靠著牆角昏睡。幸虧遇到重新編隊和調整監房，我被調入

的監房是在大樓的底層，雖很陰暗但較涼爽，我的病就慢慢好起來了。監獄當局為防止犯人久居在一起發生感情，合夥圖謀不軌，所以定時編隊並調整監房。這一防範措施使我有機會遇到很多各色各樣的人，聽到很多新聞和消息。其中有一些是我想像不到的事，很令我驚奇。當然很大一部分是關於大逮捕和鎮壓反革命分子的情況。因為有人是不久前才被捕的，他們知道在我入獄後外界發生的事情。對這類消息，我們又想聽又怕聽，對未決犯來說，是刺激和恐怖的。

有一次編隊，我被調到監獄西側的一座大樓。每天定時聽到「嘣嘣」的聲音。起初我們以為是從監獄工廠的車間中發出的聲音，不在意。日子一多，發生懷疑，聽起來，聲音好像是槍聲。可是監獄處於鬧市區，按理不會有開槍的情況，而聲音都是在每天上午開飯時發生，也決不是出於偶爾的事端。這究竟是什麼聲音？始終猜不出。

其後又逢編隊調監房，這一回我被調到監獄最西頭的一座大樓，我被關入的監房朝西在最高一層。我們剛搬進去時已近傍晚，服役犯多人正忙著把濃石灰水塗在窗戶的玻璃上，不知是為了什麼？不過這件事很引起我的注意，因為犯人們是處於任人割宰的境地，心理上認為四周發生的情況，都會與自己的命運有關，對於莫明其妙的事，更會產生疑懼。所有的玻璃窗被塗上石灰後，只能透光，不能透視，但都仍敞開，並未關上，想是由於天氣熱的原因。

到了次日上午十時左右開飯時，服役犯來關窗戶，把朝

西所有的窗戶都關上，空氣一下子悶熱起來。當時午飯已經送來，每人一個扁圓形鉛質飯盒的米飯，上面有一小撮鹹菜，另外每人一杯開水。大家正在吃著，忽然一聲巨響，有如晴天霹靂，聽得出是開排槍的聲音，接著是零星的槍聲。正在吃飯的人突然受此一驚，飯盒幾乎從手中拋掉。大家這才明白大樓西側正在執行槍決犯人，以前還以為是從犯人工廠發出的聲響。對於這座樓把玻璃窗塗上石灰的原因，大家這才恍然大悟。大約過了半小時，窗戶重新打開，微風從窗外吹進，身上雖感到涼快，可是精神上受此刺激，背上了更重的包袱。從服役犯飯後收集來的空飯盒中，可看出那餐吃剩下飯的人不少。日子一久，大家摸著了一些規律，即早晨天未大亮時被叫出去的犯人，一出監房鐵欄即被反銬，由四名公安部隊人員押走，那便是近中午時被槍決的。因此在每天黎明時押走一批犯人後，監房中留下的人就說：兩個鉛盒又可到手了。兩個鉛盒是指兩個飯盒，即每人一天的伙食，午前十時一次，午後五時一次。意思是又可多活一天了。這成為當時的流行話。

也不知過了多少天，窗外每天定時的槍聲忽然沒有了，大家精神感到一鬆，以為嚴厲鎮壓、大批槍決「犯人」已臨近尾聲，或者已告結束。要殺的多數已殺了，倖存者活命的可能增加了。其實這是妄想。據此後陸續關進來的剛被捕的知情人透露了實際情況，才知道不是那麼回事。

監獄中本來是不執行死刑的，死刑都是在江灣刑場執行。由於大逮捕以後，判死刑的人愈來愈多，刑場來不及處理，再

加押送犯人的車輛也不敷應用，當局於是把監獄最西邊的一個院子闢作臨時刑場，就近在監獄中執行死刑。新刑場圍牆外是居民區，靠近圍牆的樓房居民甚至可以俯瞰刑場。在監房窗子打開時，我們也可看到居民們在樓上窗戶中和在陽台上活動。日子一久，圍牆外的居民向監獄當局提出意見，每次執行死刑的槍聲使他們心驚肉跳，恐怖不安。嬰兒和小孩更是嚇得不得了，甚至發生驚厥。為此請求當局停止在監獄內執行死刑。

監嘯

　　大約就在這段時間，我經歷了一種前所未聞的事，就是「監嘯」。當時我一無所知，所以在發生時不知是「監嘯」。有一夜我夢到火警，好像意識到自己是在監獄中，關在鐵欄杆之內。夢見烈火即將燒身時，無法逃避，特別恐怖，於是握著鐵欄杆使勁地搖，且大聲呼叫，就在這時忽然驚醒了，發現自己確實是在監房站著，在搖著那絲毫不動的鐵欄杆，同時是在不斷地大聲呼叫求救，也聽到整個大樓的犯人在嚎叫，聲嘶力竭，震耳欲聾，而且淒厲可怕，好似著魔。但時間很短，不一會兒聲音漸漸低下來，以至消失，接著是一片死寂。隨著是看守的呼叫聲，命令大家躺下睡覺，誰再喊叫就要揪出來嚴懲。這是怎麼回事？當時我莫名其妙，在驚嚇之餘，久久不能入眠。

　　第二天中午，典獄長宣佈上大課，聽廣播。犯人們猜到是關於昨夜發生的事，果然不出所料。大課內容的大意是說，昨夜發生的「監嘯」，是在押的反革命分子製造的，目的是想借此挑起暴動。下令犯人們以每個監房為單位進行討論，互相檢舉，找出各監房中誰最先帶頭呼叫。每個犯人要交代自己當時

是什麼情況和想法，為首的要主動坦白交代，知情者要檢舉揭發，爭取從寬處理和立功受獎。討論結果要做出詳細紀錄，上交核實處理。

犯人們遵照指示，以每個監房為單位進行討論。大家神情緊張，惶惶不安，可是出事的時刻還在夢中，迷迷糊糊，誰也說不上是誰先叫喊。至於每個人對自己當時的情況和想法，也是無從說起，因為都是在似夢非夢的狀態中，實在沒有什麼可說的，於是三言兩語搪塞過關。

此後大約過了一個多星期，當局又傳令聽廣播，傳達的大意是：這次監嘯是現行反革命分子企圖暴動挑起的。經過深入調查，三名為首的罪犯已經查出，並已鎮壓。警告在押犯人必須安分守己，嚴守紀律監規，決不可胡思亂想，輕舉妄動，否則自尋死路，政府執法嚴明，決不會放過一個壞人。大家聽到此案已告結束，本人不致被牽連進去，心中一寬。至於那三人如何會被查出，是否屬實，都不去管它了。一個人處於危急恐怖的關頭，心理狀態是極度混亂和自私的，對人的同情心低落。可能是因為自己受到了不公正對待以至迫害，沒有人來同情的原因。因此只求自己倖免於難，不管別人死活，正義感更是談不上了，道德觀念差的人，甚至會誣陷別人來開脫自己。這種事例在「文化大革命」時期表現得最突出最普遍最明顯，此是後話。

當局所謂那次「監嘯」是反革命分子企圖暴動而挑起的，其實是無稽之談。後來我從一本心理學的書上看到，「監嘯」

還有「營嘯」，是住在集體宿舍中的人，例如犯人或士兵，由於神經極度緊張引起的。「營嘯」比「監嘯」更可怕，士兵高聲呼號之外還亂跑亂竄，甚至亂開槍。但是監獄建築堅固，防範嚴密，從監房到獄外，須經過四道鐵門，圍牆上面有電網，四周崗塔林立，全由武裝崗哨把守，又有探照燈報警器和機關槍。監房極小，只能容幾個人，發揮不了群力的破壞作用，因此即使挑起「監嘯」，也決引起不了暴動。當局對於已落入手掌中的「敵人」是毫不容情的，在處理上無所不用其極。

判決

　　我所久盼的判決終於到來了。我以高興和恐懼兩種截然不同、互相矛盾的心情來迎接對我命運最重要的定奪。高興的是不論好壞，問題可以得到早日解決，不用再提心吊膽，坐立不安了。恐懼的是估計不出自己的「罪行」有多重，如不免於死，對家人的刺激和影響太大了，他們怎能承受得住。雖說在公安局看守所中遇到的德國醫生曾對我說過槍斃並不痛苦，他的說法是否可靠？無從證明。也可能是在我的處境下為了安慰我。再說求生存是生物的天性，一個人終究是怕死的。

　　那天中午，天氣還很熱，窗外陽光燦爛。我正坐在地上打瞌睡，看守來叫我的番號和姓名，我一下子緊張起來，心跳不止，預知必有大事臨頭。那時監房中還有另一人也被叫了。我倆穿著短褲背心，赤著腳，被看守引到大樓底層寬敞的通道中。

　　那裡已有百餘人成列坐在地上，排成長隊。我到得較晚，當我坐下不久，便聽到前面有人在叫犯人的番號和姓名，宣判開始了。叫到的人立即站起來，由看守押著，走到通道盡頭，拐入大樓的進門處。那裡的情況，成排坐著的人是看不見

的，說話也聽不到的。叫出去的人宣判後並不回原位，徑直
押回監房或他處。每次叫人的間隔很短，約二分來鐘，有的
較久。

　　大約叫過十多人便叫到了我。我隨著看守走到通道盡頭，
拐到大樓大門的門廳處，那裡有武裝人員把守。靠近樓梯設
有一個大辦公桌，上面堆了許多公文夾。有幾個幹部坐在桌子
旁，命我在離桌子約三公尺處站著，喝令垂首低頭。坐在正中
的幹部，問過我姓名、年齡、籍貫後，便宣讀對我的判決。我
當時精神很緊張，可是還未達到慌亂的程度。對我的判決又很
簡短，因此我聽得很清楚。大意是說，我在解放前任反動派特
務，危害人民；解放後蒙政府寬大留用，但仍不知悔改，繼續
與人民為敵；收聽「美國之音」、造謠、企圖搞反動組織、企
圖赴港投匪；判有期徒刑十二年；不發給判決書，不得上訴。
下面簽署的是解放軍司令員的名字。

　　宣判完畢，即由看守推到樓梯口，押回監房。我回來不
久，監房中一起叫去的那人也回來了。他是國民黨的軍人，案
情不詳，判了十五年。後來才知道我這一批是判有期徒刑的，
間有少數判無期或死緩，總之不是判死刑。至於判死刑的犯
人，估計就是凌晨叫出去押走，將近中午時被槍決的那批人。
是在清晨宣判，宣判後立即執行。

　　我既被判十二年徒刑，命總算是保住了，可是這漫長的歲
月將怎樣熬過？過去的兩年，我還算是個公民，已過的是極為
艱難的歲月，今後成了一個犯人，日子將怎樣過？不堪設想。

　　判刑後的幾天中，看守通知犯人們集中在走廊上大課，聽廣播。廣播的大意是政府判你們徒刑是對你們的寬大，你們要認罪伏法，感激政府，轉變人生觀，痛改前非，重新做人。另外你們不要以為判刑是一錘定音、一成不變的，你們中間有人餘罪沒有交待，組織沒有搞清，必須繼續把餘罪和組織坦白交待，徹底搞清問題，爭取從寬處理，否則必定自食其果，後悔莫及。政府已掌握了你們所有的材料，你們想要蒙混過關是不可能的。現在給你們最後的機會，把自己的一切問題，毫無保留地交待清楚才是唯一的出路，切不可再猶豫等待。

　　判刑不久，又編隊和換監房。盛暑已減威，天氣涼快起來。這對我們四個人住不滿四平方米的人來說真是天賜隆恩。四人中三人靠牆端坐，一人在另一邊沿牆來回走動。這種方式自我入監以來一直未變，在監房格局的限制下也想不出更好的方式。就這樣又過了許多天，氣候更涼快了，夜裡幾乎冷起來，睡覺要蓋棉被了，估計時令已入深秋。

　　有一天又上大課聽廣播。大意是：你們是危害國家、危害人民的犯罪分子，是人民的敵人，罪惡深重，民憤極大，本應嚴厲鎮壓，由於黨和政府以寬大為懷，以治病救人為宗旨，只判你們有期徒刑，給你們機會改過自新。現在政府將進一步對你們寬大，那就是讓你們去勞動改造，把你們調出監獄，有組織有紀律地從事生產和建設勞動。你們可從勞動中養成勞動生產的技能和習慣，並從中獲得教育和改造，轉變人生觀和世界觀。從不勞而獲，變為自食其力。放棄反動立場，靠攏黨靠攏

政府，成為一個新人。這偉大的勞改政策是黨和政府的創舉，前所未有，全世界所未有，是革命人道主義的體現。在向你們通知這喜訊的同時，還要向你們提出警告，你們出了監獄，活動的範圍大了，等於恢復了一半自由，切不可因此胡作非為，搞破壞活動，進行反革命勾當。重新犯罪，罪加一等，必受嚴屬懲處。法網如海，不要妄想逃得出去。

大家聽完這廣播，精神為之一振，人群中引起了輕微的騷動。這種鐵窗風味實在不是好嘗的，調出去勞改至少可自由一些，總比終年監禁要好過。但勞改究竟是怎麼回事，不得要領。我當時的感受，我的生命好似驚濤駭浪裡的一葉扁舟，隨風逐波地在大海中飄航，隨時有被淹沒葬身魚腹的可能，但也隨時可遇到意外的獲救的希望。那時據我體會，解放後中共政權在司法上建立了三項創舉：一是勞動改造；二是非軍事人員和非軍事案件可由軍事法庭來判決；三是判處死刑，緩期二年執行。至於司法的獨立性卻完全被剝奪，司法機構完全成為執行政策的工具。

複判

　　徒刑已判，調出勞改也已宣佈，想來事已定奪，哪知又發生了一樁意想不到的事。一天中午看守來叫我和監房另一人，命我二人隨他下樓到底層通道——即上次等候判刑的地方，那裡已有百餘人成列席地而坐，情況與前次判刑時一樣。我不禁一驚，心想這絕不是好事。坐下後低聲問身旁的人，他說不知道，可能是複判。我不大相信，哪會剛判不久又要複判，而且期間又沒有發生什麼事故。但如不是複判又是什麼？

　　不一會便開始叫人了，也還是同上次一樣，叫到名的人走到通道盡頭，拐入大門門廳，只叫了幾個人之後便叫到了我。於是和上次一樣我被押到門廳一張長書桌前，仍舊叫我垂手低頭站立，看來果然是複判。接著又發生了更為意料之外的事，宣判人在書桌上翻文件，有好幾分鐘不對我宣判。他與幾名幹部低聲交談，談些什麼？因為我站的位置離他們較遠，聽不清楚。過了一忽兒，其中一人對旁邊站著的武裝人員說：「先叫他回去等。」於是又把我押回通道原處，命我坐在犯人行列的最後面。

　　接著犯人們又一個跟著一個地被叫走，每次間隔約兩分鐘，這一百多人估計須四、五個小時才能叫完。由於忐忑不安，這等待宣判的時間很不好熬。也不知坐了多久，太陽落了，陽光從通道裡消失，漸漸昏暗。我穿衣不多又赤著腳，久坐水泥地上覺得冷起來，很不好受。最後終於叫到我了，事實上已是最後一個，整個通道已是空蕩蕩了。

　　也許是因為時間已晚，宣判人員已感勞累和厭煩，對我宣讀判決書時，聲音既低，讀的又快，我當時因等候的時間太長，頭腦昏昏沉沉，所以對宣讀的判決書沒有聽得很清。可是仍能聽出這次的判決書比上次的冗長，內容較多。例如我的反動經歷比上次的詳細，罪行除收聽「美國之音」、造謠、企圖搞反動組織、企圖赴港投匪外又增添了誣衊政府政策、威脅群眾、攻擊積極分子等項，最後的一句話「判有期徒刑十二年」，是用強調的語氣提高了嗓音讀的。

　　宣判完，看守把我押回監房時晚飯已經開過，同房的人為我留下了飯盒、開水。我無心吃飯，只吃了幾口，把餘下的給別人吃了。同我一起叫去複判的那人早已回來了。他的情況與我一樣，也是判決書內容不同，刑期不變，仍是十五年。

　　據他說：「複判本來是很危險的。解放戰爭時期和解放後初期，被捕的反革命分子，判刑都比較輕。後來複判時就加重了。原來判有期徒刑的人大多改判為無期、死緩或死刑。我們這次複判刑期照舊，不知是怎麼回事。既然刑期不變又何必複判呢？」

　　這一情況他從何得知，我也沒有問他。他是國民黨的軍人，文化較高，好像是個有軍銜的文職人員，大學畢業，也懂英語。我想當然地認為他消息靈通，後來證明他所說的是確實的。因為不久以後監房中調來一個年輕已決犯，面目清秀，至多不過二十歲。他判決得比較早，那時還發給本人判決書，我和同房其他的人都沒有發給判決書。出於好奇，問他要判決書看看判決書究竟是什麼樣。那青年的判決書是一式七份，因為同案犯共有七人，都是青年，每人發給一份。他們一夥是武裝匪特，從浙江舟山群島潛入大陸後被捕。為首的是一個女青年，姓張，判決書中說她以色相引誘男青年參加武裝特務組織，一同潛入大陸進行反革命破壞活動。他說他們原判都是有期徒刑，複判時，這七人中前六人都判死刑，立即執行，都已槍斃了。他本人原判只有三年，經不久前複判才加重的，判十年徒刑。他的罪名是替其團夥窩藏機槍，但他並不是這組織的成員，否則恐怕也已鎮壓了。他說在槍斃其他六人時，他被陪綁去現場。在臨刑前那女青年還和那幾人相視微笑，真是十三點。又說那女青年還不足二十歲，長得很漂亮，複判死刑前是監獄文工團的成員，能歌善舞，經常參加文娛演出。

　　從這一案件中，可見複判要加重判刑是確實可信的。可是我們這次複判沒加重，原因何在令人不解。

第四章　皖北治淮

投入勞改

複判以後，驚魂略定。

監獄當局開始給已判徒刑的犯人放風。所謂放風，就是每天把犯人分批定時放出監房，到約十多公尺寬、五十多公尺長的大樓屋頂活動。四周圍牆高約三公尺多，牆頂有電網，屋頂空曠無物，想是專為放風之用。屋頂的一端，有一崗亭，高出圍牆，上面有武裝人員看守。每次放風約半小時，犯人沿著四周圍牆跑步。一開始有的人跑不動，有的人甚至走路都勉強，經過了多次放風，情況漸漸好轉，對粗劣的飯食也漸覺有味，各人的精神體力都顯著增加。雖說放風的目的並不是為犯人們的健康著想，然而確實有利於犯人們的健康。犯人們不久將投入勞改，而且是去遠離市區車船達不到的地方，須靠長途步行。如果走不動，本人將受盡苦難和折磨，對當局也是一樁累贅的麻煩事。

在這段時間裡，典獄長對各樓的犯人訓過多次話，鼓勵大家積極投入勞改，爭取政府對大家進一步的寬大。他說刑期不是一成不變的，根據各人的表現，可以減刑以至提前釋放，告誡大家不要悲觀失望。大家對他所說的話也深信不疑，心情從

而比較愉快。據我所知，判處長期徒刑的人，多數不致服滿刑期的，尤其是政治犯服刑期的長短，伸縮性更大。因此認為投入勞改後，提早恢復自由的可能性是存在的，有了這一盼頭，思想上輕鬆了很多。

有一天在學習的時候，下達通知，每人可寫信給直系親屬，要求接濟衣服鞋襪等生活用品。反革命犯自被捕以來，沒有也不許和外界任何人通信，現在忽然有這一機會，大家都喜出望外。可是高興得太早，所謂寫信只不過是在油印好的表格中各項日用品名稱項目下，填上各人所需要的數字，此外什麼也不准寫，連收信人的姓名和地址都不許自己寫，須別人代寫。其用意不難猜到，無非是為了防止在信中用暗語或暗號向外界通信息——政府對反革命犯的防範是滴水不漏的。

我沒有直系親屬在上海市，只有老父老母在家鄉，經濟又極度困難，決不能寫信給他倆來接濟我，因此我打算不寫信。然而一想，我哥哥那時可能仍在上海市，住在親戚家，把他作為我的直系親戚，或許通得過，於是寫信給他。按我的想法，他收到後當然會轉告雙親，告慰他們我未被鎮壓，仍在人世。可是信寫之後，如石沉大海，杳無信息，心想信一定沒有收到，希望成泡影了。

不料過了幾天，在絕望中，忽然收到外界送給我一個包裹，裡面有單衣背心襪子等物。包裹布上寫有我的番號和姓名，卻沒有送者的具名（按規定送東西的人不許具名），字跡娟秀，似乎是女性所寫，決不是我哥哥的筆跡。我把所認識的

人中可能送東西給我的人，逐個地想，可是都對不上號，苦苦思索，始終想不出是誰。據知當時要送東西給犯人，須在大門口排長隊，等候達五六小時之久，而且要承擔與犯人有密切關係的風險。因此給我送包裹的人，雖不知是誰也不論是誰，我衷心感激，畢生不忘。那包裹布我一直珍藏，在苦難的勞改征途中，一直隨身帶著，不幸有一次失竊，包裹布和其他東西一起被偷去。

天氣愈來愈涼，在監房中大家本來都是赤腳的，那時已頂不住了，須穿上襪子，身上也多添了衣服。窗外的樹葉已變黃，估計時令已入冬。有一天晚飯後通知上大課，傳達關於勞改的事情。大意是批准能去勞改的犯人，都是案情已經搞清楚、坦白交代表現好的人，名單是經過嚴格審核才決定下來的，能夠得到這一機會是很不容易的。犯人們必須從心底裡認罪服法，感謝政府，嚴守紀律，安心改造。在勞改中認真學習，努力勞動，徹底改造人生觀和世界觀，爭取重做新人。現在名單已確定，隊也已編好，就宣佈名單和每人編入的大隊、中隊和小組，命令每人要仔細聽，以免弄錯。這次編隊的人數約有一千多人。記得好像是編為兩個大隊，即第一大隊和第二大隊。

編隊後過了幾天，一天晚飯後，忽然下達了一個緊急通知：要每人把自己的東西立即收拾好，當夜即出發去勞改。大家一聽既緊張又高興，久盼脫離牢籠，如今總算盼到了。好在各人的東西都有限，收拾起來並不費事。不一會兒發下長布條

作為捆背包之用。典獄長下令：每人只許帶二十公斤的東西，多出的東西留下。有的人捨不得把東西丟下，死命地把背包打得緊，看起來小一些。其實所謂二十公斤的限度也只是個大約數，並不過秤。我的東西很簡單，只有一條絲棉被、一條薄毯子、幾件內衣褲、幾雙襪子，這些都打成一個不大的背包。另外還有飯具、毛巾、牙刷等裝入一個小布袋，準備手提，這兩件總共不過十多公斤。因為當時天氣已冷，我的衣服不多都穿在身上了。那時我有些悲哀，別人的東西都比我多，我只有這一點點，天長日久，東西用壞了，衣服穿破了，將來怎麼辦？殊不知在艱苦的征途中，我的輕裝卻大佔便宜，少吃不少苦頭，否則我有被累垮以至拖死的可能。

在準備行裝的混亂中約摸過了兩小時，廣播中宣佈旅途紀律，總之是從嚴從細，不准這、不准那等等。又過了約一小時通知出發。人群一陣騷動，忙著背上背包，提起東西。有的人背包過重，自己背不上去，須別人幫忙。然後大家奉命按編隊時所列名單，以小組為單位，在走廊上排成二人縱隊，走出大樓大門。幸虧這次調動沒有上手銬，否則苦頭要吃得更大。

門外已停著許多大警車，大家依次登車，每輛車擠得滿滿的。當時已是深夜，又逢下雨，天空一片漆黑，車廂內伸手不見五指。大家竊竊私語，都在奇怪為什麼要在深夜而且是雨夜出發？一會兒車子開動了，大家以為是要開到火車站，因為火車站離監獄很近。哪知車子行駛了好多時還不到，那就不是去火車站了。最後車子終於停了，下車後有人認出是鄰縣的車

站。犯人們下警車進入站台，在昏暗的燈光中列隊點名後便登車。所乘的是鐵皮貨車，沒有窗子，只有車廂四個角上面有四個透氣洞，白天從中透進一些光線，使車廂中略可分辨人物。車廂中間放了一個大木桶，作大小便之用，幸虧有蓋子，不然臭氣熏人。那時估計已近破曉。大家經一整天一整夜的折騰已疲憊不堪，於是卸下背包作枕頭和衣而臥。雖然身上、地上滿是泥水，而且擠得伸不直腿，卻都睡得很熟。火車還沒有開，車廂內已鼾聲四起。我自然不能例外，也進入夢鄉。

我在隆隆的行車聲中醒來時，陽光已從車廂的透氣洞中射入。光線的斜度已高，估計已是中午前後。不久車速減低，隨即停下，聽到車廂的鐵門外開鎖的聲音，車門打開了，燦爛的陽光和冷空氣一下子進入車廂。不但大放光明，而且把汙濁的空氣沖掉。大家呼吸到新鮮空氣感到非常爽快，隨即聽到外面有人在叫各小組長到站台集合。我那車廂好像是有三個小組，每組二十多人。小組長也是犯人，是上面指定的。被叫出去的三個小組長集合後回來，傳達叫大家抓緊大小便，並且馬上要開飯。我乘去大便的機會活動一下，一夜彎曲著身子睡覺，腰酸腿硬，很不好受，經這活動，略感輕快。不多一會兒開飯了，各小組依次出車廂到站台上吃飯。飯是粗米飯，還有鹹蘿蔔乾和開水，蘿蔔乾帶濃厚的魚腥味。據浙江沿海的犯人講是醃鹹魚剩下的鹽水泡的蘿蔔片曬成的乾，是廢物利用。我嫌它太腥，難以下嚥，只吃很少。餘下的不捨得扔掉或給別人，存

在口杯內。但有的人卻吃得津津有味，浙江沿海居民對腥和鹹是習以為常的。

　　飯後繼續登程。車子開得很慢，而且逢站必停，一停很久。途中開過兩次飯，情況與初次相同。一直到第三天下午才到達目的地，是什麼地方不得而知。只是因為火車停下，命大家下車，才知目的地已到。步行了一段泥濘的土路，雖不很長但十分難走，一雙鞋沾滿泥巴，提腳又重，走路又滑，這種經歷我從未有過。

　　勉強走到一條大河邊，登上有船艙的木船。河道上停靠著幾十條這種木船，一字長蛇陣，頗為壯觀。這些木船沒有動力，也沒有人來撐，是幾條船連在一起用小火輪來拖。登船後每人發給兩個玉米餅和鹹蘿蔔乾，但沒有開水，大家吃得又鹹又渴。有人想出妙招，把鞋帶繫住搪瓷杯從船艙窗戶外舀河水喝。我有幸也喝到了一杯，如飲甘露。

　　天色漸晚，開船了。船艙的門和窗都被遮嚴，外面的情景一點也看不到。艙內有長條硬座，大家擠坐在一起，東倒西歪，漸漸睡著。第二天一早，天還沒有大亮，船靠岸了。大家在瞌睡懵懂中登岸，步行了幾十公里到達江蘇泗洪縣的雙溝鎮，略事休息，繼續又走了幾公里，到了淮河邊上，這裡就是最終的目的地。

治淮工程

那地區是淮河與洪澤湖靠得最近的地點，二者被不到十公里的土崗隔開。犯人的任務是在二者之間開挖一條深溝，也可稱為運河，把二者溝通。土崗雖只高二十多公尺，但是因為要從地平面起往下挖二十多公尺，因此從土崗頂挖到河底共計五十多公尺。河底雖只約五十公尺寬，但因很深，上端開口則須兩百多公尺寬，工程很艱巨。這項工程名為「峰山劈嶺」，作用是為了溝通淮河和洪澤湖。在雨季水漲時，淮河河水可經運河泄入洪澤湖，防止氾濫，洪澤湖起蓄水池作用。這段「峰山劈嶺」工程，必須在雨季前完成，時間緊迫。所以集中了據說有十多萬勞改犯來從事這項搶險任務。犯人的住所是離工地約二公里處的許多A字蘆葦工棚。每人攤到的鋪位只有約三十公分寬、八十公分長，並頭睡是睡不下的，只有頭和腳相間睡才能勉強睡下，要不是疲憊不堪是難以入睡的。飯食粗劣自不待言，要不是餓極了是難以下嚥的。

這十多萬勞改犯都是從全國各地分批調來。我所屬的上海第一大隊一千多人，擔任工程總長度約十公里中的一百多公尺。勞動力密集程度可想而知。勞動時間是一天二十四小時，

分兩班。頭班是從中午十二時到子夜十二時，二班是從子夜十二時到次日中午十二時。除下午六時和上午六時分別為兩班進餐時間外，全是勞動時間，別無休息。這在一般的看法是不合情理的，但從對待勞改犯和任務緊急的角度來看，這是理所當然的。

　　勞動的主要項目是挖土和運土，另外還有各種雜活。開始時我們是從頂端開挖，泥土較乾燥好挖，運土是自高處往低處運，也較省力。後來愈挖愈深，運土愈運愈遠，那就愈來愈費勁了。尤其是在下過幾場雨之後，泥土濕了，分量加重，又黏鍬黏筐，裝筐倒土都很費力，走路又滑，挑擔子和推斗車十分困難，大大增加了勞動強度。大家疲乏之極，苦不堪言。但是隊長和指導員等幹部還嫌大家不出力，進度慢，死命督促。見到挑擔子和推斗車跑得慢的人大聲地罵，甚至用柳條抽打，情景猶如在電影中可看到的奴隸社會。事實上勞改犯比奴隸還不如。奴隸是奴隸主的財產，對奴隸主來講，奴隸還有一定的價值。勞改犯是人民的敵人，社會的渣滓，能利用姑且利用，否則消滅唯恐不及。

　　犯人們能在這樣苦難和屈辱中堅持活下去，主要是想爭取減刑，早日恢復自由，早日能和家人團聚。當時勞改幹部一再宣稱，政府要根據每人的改造表現如勞動成績、勞動態度、靠攏政府、認罪服法等方面，分別給予加刑或減刑，表現特別好的可予提前釋放。犯人住所工棚四周和工地上，到處貼滿了「五月減刑」、「勞動中立功受獎」、「靠攏政府，積極爭取

寬大處理」之類的誘導犯人努力勞動的標語。此外還有高音喇叭播放革命歌曲和宣傳隊敲鑼打鼓，鼓舞人心。工地上經常呈顯出一幅沸騰景象。正如幹部們常說的「勞動就得像個勞動的樣子，應該是熱火朝天，不能死氣沉沉」。可是這所謂「像個勞動的樣子」是以犯人們死命地幹為代價的。

在渺茫的希望誘導下，犯人們就這樣熬過苦難的日子。據幹部講：「這項工程在雨季漲水前必須完成，不然工作將更加困難，到時候還是大家吃苦頭。」

這話不假，擺在眼前的事實就是這樣。一般人的心理狀態都希望工程能早日結束，早日從苦難中解脫出來，於是竭盡全力地勞動，並自發地互相督促。有一些善於自我表現的人，也就是所謂「積極分子」，每當幹部來到勞動現場時便沒命地幹，來博得幹部的青睞，並大聲吆喝督促別人，以示自己的積極。這類人大多身強力壯，橫行霸道，大家都怕他們。這類人在監獄中和勞改隊中普遍存在，這也是由於當局提倡和讚賞所致。

天氣一天天暖起來，艱苦的勞動一天天在進行，河床的底逐漸加深。大約到了六月中旬，河床的深度已達十多公尺時，施工中發生一齣慘劇：塌方。時間是在接近子夜兩班勞改犯接替之前不久，大約在夜裡十一時左右。

當時我正在挑擔子運土，從河底挑上河岸裝斗車後，空擔往回走，忽然聽到一聲巨響，聲音低沉，有如悶雷，抬頭一看，前方約三十公尺處騰起濃煙，其實是塵土。霎時間從上面

落下無數大小土塊，較小土塊滾到我腳背上，只擦破些皮，未受傷。同時附近工地的電燈一下子熄滅，幸虧有遠處的燈光照射，四周的景象還依稀可辨。隨後飛揚起來的塵土延伸過來，把我侵吞其中，便什麼也看不見了，只聽到人們的呼叫聲，淒厲可怕。工地上本來就是高低不平，挑擔子走的小道又是彎彎曲曲，再加滿地土塊，光線暗淡，我無法走動，只好原地站著。當夜風很大，塵土很快被刮走，才隱約看到前面堆起了大大小小的土塊，大的有圓桌面大。犯人們一片混亂，呼喊救人。按當時勞改犯密集的程度來看，塌方壓傷的人不在少數。

過了不久，幹部和解放軍士兵提著馬燈來了。在微弱的燈光下，大家用鐵鍬和鐵鎬挖土，想把壓在土塊下的人救出來。可是這種營救方法是沒有把握的，因為不知道人壓在什麼地點，只是沒有目標地亂挖一氣。事實上也沒有較好的方法，只有在邊緣處還露出身體一部分的人，總算挖了出來。這次塌方，不但數量多而且落差大，在河底堆起的泥土有幾公尺高，壓在最下面的人，一時無法挖出來，即便沒被壓死也將悶死。我義不容辭，手中沒有工具，只好用手來搬走土塊，把已挖出來的傷者或死者和別人一起抬上河岸。我抬到一人，其實不應稱「人」，應稱「屍」。正好有幹部提著馬燈來照一下，察看他是死是活。只見滿臉血汙，形象怕人，七孔中好似仍在冒血。他穿著短褲衩，大腿上有一大裂口，深及骨頭，是被大土塊墜下時的壓力壓開的。

在一片混亂中，接班的犯人來了，我們便交班回工棚。次日早晨起身後，隊長便來訓話，把昨天發生的重大工傷事故輕描淡寫地提了一下，只是說昨夜工地上發生塌方是由於勞改犯挖「神仙土」造成的。至於死傷多少人沒有說，也沒叫大家不要挖「神仙土」。所謂「神仙土」是指取土時只挖土壁下部，不挖上部，等下部挖空到一定程度時，上部的土壁懸空突出，在地心引力作用下，自動開裂落下，可省去許多挖土的勞力。這樣挖目的是為了提高工效，加速工程進度，但這是違反操作規程的，因為有塌方的危險。犯人們企圖省力和提高工效，挖「神仙土」是很普遍的，隊部也從不制止。通常犯人們挖「神仙土」挖得不很深，土壁高度不過幾公尺，塌方不致發生危險和傷人。這次挖得太深，土壁高達二十公尺，上端懸空突出，突然塌方，土塊落下，壓力很大，造成傷亡慘劇。隊長指導員們只為工程進度著想，並不制止挖「神仙土」，對於工傷事故和犯人的死活是從不關心的。我親身經歷的這場塌方慘劇，雖時隔多年，當時的情景猶歷歷在目，心中猶有餘悸，終生難忘。

天氣很熱了，時令已入盛夏。我所屬的第一班調作第二班，即勞動時間調為子夜十二時至次日中年十二時。有一次上工不久，大約在凌晨二時左右，忽然刮起西北風，風勢之大，實屬少見，而且是涼風，這在夏季是反常現象。不久更變為冷風，吹得渾身發抖。夏天會刮起這樣冷的風，我從未經歷過。繼而下暴雨，電光閃閃，雷聲隆隆，聲勢嚇人。岸上和河床兩

邊斜坡上雨水傾瀉下來，形成激流。由於大面積的雨水注入小
面積的河底，河底積水迅速上漲。我起先躲在一個土墩上，拿
籮筐蓋著頭，即通常意識中的避雨，等待雨停。可是雨勢絲毫
不減，一直在傾盆而下，不一會積水漲到了我腰際。我急了就
從河坡往上爬，那知黏土淋了水非常滑，坡度又陡，爬了幾步
就滑下來，爬了上去，又跌入水中。那時水深已沒腰。好在我
會游泳，還不十分心慌，還能鎮靜一下頭腦向四周觀望，看到
遠處還有少數犯人像螞蟻般地也在往上爬。但大多數人剛一下
雨就走了，我因躲了一刻雨，走晚了。幸虧發現不遠處的斜坡
上有台階，那裡比光的斜坡好爬，但仍須用手指插入泥土中才
能爬得上去。到了河岸上心就定些，可是渾身是泥漿，只好任
由雨水沖刷。那地帶全是土路，經雨水浸淋後全成泥漿，走路
很滑，十分吃力。我憑燈光認定了方向，往工棚走。走離工地
後不遠，因為沒有了燈光，一片漆黑，看不出路，迷失了方
向，雷聲雨聲又大，也聽不到其他犯人的聲息。空曠的峽谷中
只我孑然一人，這時我可急了，恐怕走不回去凍死在外面。如
果被認為是逃跑，那就有被槍斃的可能，這樣的事例已經有
過。正在為難時，忽然發現前面有一星燈光在閃動，我便鼓
足勇氣，死命地追那燈光，在黑暗中坎坷不平的泥路上，一腳
高、一腳低地跑著，最後終於追上了。原來是一名電工，手裡
提著一盞馬燈，他是來工地檢修電線的，遇上了暴雨，也正在
往隊部走。他的住所離我住的工棚不遠，於是我便隨著他回到
了工棚。小組的人全都回來了，我是最後一個。

這場暴雨下到天亮，接著是細雨綿綿一連幾天。淮河和洪澤湖的水猛漲，淹沒了還未完工的工地。工程無法再進行，只好停工。我們這才鬆了一口氣，暫時得到休息。大家把多日來穿髒了的衣服洗洗曬曬，我的衣服不多，也乘此機會清洗了一下，晾在工棚外面。不幸因為收得過晚，全部被人偷去，懊喪之極。天氣正熱沒有更換的單衣褲，萬不得已把被單改制成一套單衣褲。我從未幹過縫紉，因此改制得很不像樣，穿上看起來未免滑稽。好在處於那種場合下，沒有人來注意一個人的衣著和外表，所以我穿上那套可笑的單衣褲，也沒有引起別人的注目或恥笑。

在這段時間，未完的任務不能進行了，以後的任務又還沒佈置好，因此暫時沒有體力勞動任務。每天上下午各學習一次，內容無非是國內外形勢，黨和政府的政策，生活檢討會等。過度疲勞的身體得以逐漸恢復，但生活上卻出現了極為困擾煩人的事。蒼蠅和蚊蟲之多，簡直嚇人。蒼蠅在白天出動，蚊蟲在夜裡出動，於是大家稱之為兩班制，互相接替。白天吃飯時，吃窩頭須先把它搖晃一下，然後立即送進口中，否則上面爬滿了蒼蠅，一下就咬，可能連蒼蠅也吃進去。蒼蠅如此之多，原因是犯人使用的茅坑，只是在警戒線內一塊草地上挖了許多不很深的坑，使用一久，坑滿外溢，遇雨即成一片糞海，從未有人去清理。於是大家各找隱蔽些的地方隨地大小便，結果是牆角路邊，工棚前後，樹木四周，到處是大小便，臭氣熏人，令人作嘔，給蒼蠅繁殖提供了優越條件。夜裡蚊蟲嗡嗡聲

不絕於耳，被咬得渾身發癢。沒有蚊帳，天氣再熱也必須用被子蓋著身體，或用衣服蒙著腦袋，否則被咬得一刻也不能合眼。由於蚊蟲肆虐，不少人患上瘧疾，又得不到治療，死人的事，時有所聞。我因抵抗力較強，倖免於難。

轉移到蘇北

　　大約過了十多天，一天早飯後，隊部下達通知，叫犯人立刻整裝待發，到哪裡去不說，只說是去搞農業生產，勞動要比挖河輕得多，而且有菜園和田地，自己種菜種糧，生活也要好得多。到了那裡可以說是安居樂業，並警告大家在旅途中要嚴守紀律，如果違法亂紀，企圖逃跑，必予嚴懲。

　　平靜了多日，一下子又緊張起來。至於打點行李倒並不費事，每人只有隨身可帶的應用物品，我的東西更少，不消半小時便整理好了，坐在陰涼處等待出發。以往在每次調動前，雖明知在旅途中要吃苦頭，但因現實的處境太難熬，太折磨人，總以為換一個環境可能會好一些。這種心情，在犯人中普遍存在。過不多久，下令出發。大家排成四人縱隊，步行離開原住處。

　　天雖放晴多日，但路上仍很泥濘，兩腳黏上的泥巴很重，步履艱難。走不很遠到了一個村子，穿過村子抵達一個河邊碼頭。在那裡有無數的民船靠在岸邊，原來就是犯人要乘的船。船已編好號碼，各小組都按分配好的船登船，秩序井然。太陽雖已偏西，但天色明朗，河岸兩邊有眾多的武裝人員在站崗，

清晰可見，他們拿著上了刺刀的槍，如臨大敵。此情此景使犯人心情沉重，默默無言。船艙很狹小，乘進了很多人，擠得連蹲都蹲不下，只好站著。就這樣熬過了也不知多久，船停了。大家登岸後列隊坐在地上吃晚飯，吃的是半乾的饅頭，又沒有水喝，雖餓也難以入咽。

飯後列隊出發，大家一夜站著擠在船艙中已疲乏之極，沒有恢復就又步行趕路，再加上背了背包，體力實在不支，走了約一個小時後越走越慢。武裝人員騎著馬，背著槍，在隊伍兩旁奔馳，督促犯人快走，不時還用柳條抽打走得慢的人。由於體力差的漸漸落後，隊伍越來越長，已不成隊形，只是散亂地往前奔跑。最前的人與最後的人中間距離拉開得很大。我的體力屬中等，又因背包不重，沒有落到最後面的行列。可是心跳氣喘，兩腿酸軟，也感難以支持。就在這時，聽到後面有槍聲，雖很稀疏，但連續不斷，間隔有長有短，聽來不是交火。同時手電筒的光柱在夜空中忽明忽滅，不知發生了什麼事。

有人說：「趕快跑，落在後面要被打死的。」

我大吃一驚，竟會有這種事？但夜黑如漆，什麼也看不見，又加在慌亂中，也不去推敲這話是真是假，只顧加快步子，咬牙堅持。過不久東方發白，又死命掙扎了一個來小時，天色大亮，陽光燦爛。走在前面的人忽然停下，落後的逐漸跟了上來。隊長們整理了隊伍，並向大家宣佈，目的地已到，即蘇北濱海縣勞改農場。從此又是另一番天地。

第五章　蘇北農場

棉田墾殖

　　到了濱海縣，我們住進了當地的一所中學。那時正值暑假，教室就供我們住宿。課桌作床鋪，凳子當飯桌，十分方便，我自被捕以來在此算住得最寬敞舒服了。可是這裡並不是最終目的地，只是臨時歇腳點。

　　最終的目的地是在縣城東北十多公里的「新南公司」。所謂「新南公司」，實際上是一片荒蕪了的棉田。民國初年江蘇南通的狀元實業家張謇在他家鄉南通設了紡織廠，在蘇北沿海地區買下了大片土地，種植棉花，供他的紡織廠作原料。其一名為「新南公司」，另一名為「新通公司」，合起來便是「新南通」之意，兩處相距不遠。歷年來當地發生了多次海嘯，棉田屢被海水淹沒，遂報廢變成荒灘。調勞改犯來此是為了建設大規模的農場，並非農場已經存在。幹部所謂從事農業生產，此時還不著邊際。

　　我們到達當地時，由於住的工棚還未蓋好，在學校住下等待。在閒談中談到調來途中所發生的事情，大家對那莫名其妙的槍聲產生種種猜測。其中比較合理的說法是由於老弱病殘的犯人掉隊太遠，押送的武裝人員無法處理，便開槍打死，免去

累贅。又有說法是有人逃跑，武裝人員開槍打逃犯。打死一個勞改犯猶如打死一條狗，毫不足怪。

在濱海中學住了一個多星期，其間我得了瘧疾，得不到醫療，幹部置之不理，我只有硬挺。好在沒有勞動任務，每天可以躺在鋪位上休息。過了幾天，到了工棚蓋好通知出發的那天，我已略感好一些，可以勉強走動。出發時有兩名好心的勞改犯主動替我帶了一些東西，剩下的就很輕了。從濱海中學到農場約十多公里，兩地之間有一條公路相通，但因多次被淹，路面已坎坷不平。天熱，途中休息了兩次，一路雖不算艱苦，然而對我這患病者來說是拼命堅持才到目的地，累得動彈不得。

那地方是一塊約二百公尺見方的平地，四周是約四十公尺寬的河，形成一個四方形的島，有一木板橋與公路相通，橋旁和河的沿岸有幾個崗亭，由武裝人員把守。勞改犯住的是用圓木做架、用蘆葦做頂的A字工棚，地上鋪了木板作鋪位。每人只攤到三十多公分，擁擠的程度與皖北治淮時不相上下，這是使我大為失望和最感煩惱的事。此外還有一件事也是極其糟糕，當地因受海水淹沒多次，所有的河水、井水和地下水都是鹹水，沒有淡水。時值盛夏，經常口渴，需要喝水，可是那水又鹹又苦，越喝越渴，越渴越想喝，形成惡性循環。衣服洗後穿在身上發潮發膩又發癢，這情況不是一時之苦，而是天天如此。據知伙房給我們煮的菜湯不需放鹽，鹹味已很濃。在這種情況下，大家的健康大受影響，病號一天天增多，我自感日益消瘦，精神萎頓，連走路都乏力。

　　到達農場的初期只是增建工棚，清理環境衛生。隨後的任務是割蘆葦，先從附近割起，逐漸向遠處擴張。那地區除勞改犯的駐地是乾地外，其他都是蘆葦塘，看不到任何東西。蘆葦長的又高又粗又密。割下蘆葦是為了蓋更多的工棚，調更多的勞改犯來建設農場。在開河排水之後，割掉了蘆葦的土地即可用拖拉機開墾，闢為棉田。

　　割蘆葦時實行流水作業，一個小組每天包幹一塊地。一部分人割，一部分人捆，一部分人把捆好的蘆葦豎起來堆成金字塔形狀的垛。蘆葦塘水深不等，深的可沒膝，淺的沒踝，但從無露出地面的地方。我們整天在水裡淌，一天勞動達十小時以上。午飯是送來吃的，連坐的地方也沒有，只有站著吃。夏季天亮得早，黑得晚，隊部是決不讓勞改犯在光天化日下不幹活的。

　　這樣過了近三個月，範圍越割越大，工地越來越遠，而天氣越來越涼。大約在十二月初，割到一個地段，非但離得遠，而且上下工要淌過一片大窪塘，水深及腰。清早天氣很冷，淌水又走不快，凍得人發抖。日子一長，不少人病倒，我因耐寒力較強，還能支持。

　　不久以後，有一天天氣突變，北風怒號，大雪紛飛，水面結起一層薄冰，當天不能出工。晚間隊部通知我去領郵包，我聽說有郵包寄給我，說明在這茫茫的人間苦海中還有親人在關心我，心中十分高興和激動。我上隊部取了包裹走回工棚，地上積雪已很深，地上很滑，當時我感覺兩腿酸痛發硬，走不成

步，便栽倒在地上，爬不起來。包裹也摔開，東西散了一地，幸虧有一勞改犯走過，把我扶起，並幫我把東西拾了起來，還把我扶回工棚。

那包裹是我父親寄來的，那時他還未被扣押。包裹內有夾被一條和一些舊衣服，沒有一樣是新東西，可見家中困難，早已無錢為我買新用品了。包裹內附有一封信，是我父親寫的，告訴我母親在某月某日夜裡就寢後因心臟病突發去世，去世前曾理出了一些東西囑他寄給我，並叫我好好學習，努力勞動，爭取減刑，早日回家，以慰母親於地下。父親信中又囑我不要過於悲痛，以免影響健康等。我讀了這封信後雖未痛哭，卻忍不住淒然淚下。

不幸之事接踵而至，肉體上既受折磨，精神又受此打擊，使我幾乎對前途失去信心。第二天早晨兩腿酸軟，竟站不起來，兩臂也酸軟無力，手指僵硬，吃飯時連筷子也拿不成。經犯人醫生來看，說是由於長時間浸在冷水中，受了寒氣，一遇天氣突變便成癱瘓。那時像我一樣生這病的人有好幾個，起因也相同，頭幾天出去大小便要別人攙扶。我獨立性較強，極不願依賴別人，可是現在又非依賴別人，求別人幫忙不可，心中實在煩惱，非常悲觀。幸虧過了幾天，天氣放晴轉暖。我的腿漸漸能夠活動，手臂也有了一些力，雙手也能握緊，也能扶著牆或東西獨自走路了。

就在這時，隊部下達通知，割蘆葦的任務暫時告一段落，立即轉入開河挖溝的排水任務，把歷年來淹沒該地區的海水排

到海裡去，然後把土地開墾為棉田。勞改犯中除老弱病殘者外一律投入，並移居到陳家港沿海地帶。我因癱瘓未癒，准許留在原地幹輕勞動，即積肥，供春播施肥之用。

在開河挖溝排水的隊伍準備出發的前夕，天氣又突變，刮起強勁的西北風，氣溫急劇下降。

夜裡大家剛睡下不久，隊部忽然來緊急通知，說是剛從福建調來的一個勞改大隊到大遊社倉庫去運糧食，歸途中遇特大寒流，被風雪所阻，命令我大隊除病號外全體出動去營救。只過十多分鐘，隊長和指導員們便在外面大聲敦促集合出發，大家在一片混亂中匆匆地出發了。我從關不嚴的門縫中見到外面風雪交加，一群人影提著幾盞馬燈跟蹌地越走越遠，消失在黑暗中。工棚中只剩下幾個病號，我是其中之一。工棚透風，又因人少，寒氣凜冽，冷不可擋。我雖倖免去狂風酷寒中搶救人，但也不能入睡。

也不知過了多久，去營救的人陸續返回，有少數落後者一直到破曉還未回來。我問睡在旁邊的人營救什麼人，救了多少人？他說：

「不清楚，反正凍死了不少。」

他又說：「福建調來的勞改犯都沒有棉衣，運糧歸途中遇寒流耐不住冷，便躲在避風處休息，哪知一歇下來便站不起來，時間一久便凍死。」

我再問一些其他的事，他不願多說，我也不便追問。後來才知道幹部曾關照他們不許對人講這次凍死人的事，他們當然

不敢多談。

這齣慘劇發生後，隊部對此閉口不談，好像根本就沒有這回事。就在第二天，開河排水的隊伍出發了。留下搞積肥的不足十人，我屬其中之一。除少數病號外，其他都是年齡很大的。就我所能記起的有法律學家盛某，曾任國民黨政府立法委員和某大學法學院院長；國民黨某大學校長湯某；電機學博士樓某；這三人都是留美的博士。還有國民黨政府新聞署副署長，已忘了他的姓名；北京大學歷史系講師邢某等人。他們學術水平較高，知識面廣，我和他們相處，增長了自己的見聞，獲益匪淺。

我們這些人被編為一個積肥小組。所謂積肥是把枯草爛葉、死禽死獸、人便馬糞以及其他一切糞尿和髒東西收集成堆，澆上汙水，外麵糊上爛泥，讓它腐爛發酵。我在小組中被分派擔任拾大便的工作，這工作雖較髒但較自由，挑著擔子拿著鐵鏟在各處走動。積肥的範圍除住處外還延伸到附近四周，因此我的活動範圍很廣，勞動時間很容易過。這段時期可說是我在勞改生活中的黃金時代。因為相處的人比較好，彼此談得來，很和諧。勞動不重，當時糧食還未定量，還可以吃得飽。令人寒心的恐怖事件還未發生，精神上較安定。

可是好景不長，過了幾十天，進入夏季，蚊子越來越多，沼澤地帶蚊子滋生得早，而且特別大，勇猛襲人，揮之不去，夜裡被叮得不能入睡。這對勞改犯又是一大威脅，大家想方設法來驅蚊。收集枯枝落葉來熏，工棚內被熏得煙霧騰騰，使人

發嗆和流淚，睜不開眼。工棚內因無窗戶氣溫本來就很高，一經燒枝葉溫度更高。蚊咬煙嗆再加高溫，這種苦況實難忍受。聽說某中隊一個勞改犯，不知因為犯了什麼錯誤，被赤膊捆綁關入小號內，整夜被蚊子叮。天明後此人已失去知覺，奄奄一息，據說後來就死了。

開河的任務在秋季完成了，參加的勞改犯回到了原地。平靜多日的農場，頓時又騷亂起來。我們這個積肥小組，本屬臨時組織，於是被解散，成員回到原來中隊的小組。其中只有一個與我仍在一個中隊，還能常見面交談，其他幾個人非但編散，而且不久就調走了。在勞改隊一經編散，便永無重見或互通音訊的可能。仍與我編在同一中隊的那人姓孫，也是個大學生。我和他因相處較久，有了一些友誼。這在勞改隊中是極少的現象，也是政策中所不允許的，稱之為私人拉攏，視之為團幫結夥的起因，為非作歹的根源。有一天在工地上我沒有見到孫某出工，以為他病了。收工後回到工棚，才知那天從南方來了武裝幹部來引渡孫某，是被反銬著走的，據說可能是他罪行未清，有人上告，發現了餘罪。總之情況是不妙的，否則不會用武裝人員來引渡，也不至於反銬。從此以後，此人的消息便杳如黃鶴，他的結局不得而知。失去一個難友，我心中不免悲傷。

因言起禍

　　有一天隊部召集勞改犯開大會聽報告，宣佈開河排水任務勝利完成後，蘇北農場正式成立，並立即轉入農業生產，以種植棉花為主，兼植糧食作物和蔬菜。命令大家作好準備工作，把已著手的各項任務趕緊結尾，儘快遷到蘇北農場第一支隊，開始工作。這一下大家比較平靜的心情又突然緊張起來。

　　第三天一大早大家匆匆吃完早飯便打點行李，準備出發。第一支隊離原駐地不遠，只有十多公里，但沒有像樣的路，再加溝渠縱橫，非常難走。大家帶著行李更為吃力，費了好大勁才到達目的地。所謂支隊即幾個大隊集中在一起，大約有五千人左右。此地是第一支隊，又稱一分場。另外還有第二支隊，又稱二分場。一分場即以前提過的新南公司，二分場即新通公司，這二個分場合起來即蘇北農場。

　　一分場原來是一片蘆塘，割掉了蘆葦排乾了水，成為一片荒地。已有勞改犯先來此蓋起了許多A字工棚，並開闢了菜園，建起了豬圈和伙房。我們到達的第二天一早便通知出工，工作是人工拉犁翻地。那時地表的蘆葦雖已割去，可是地下的蘆根盤根錯節，堅不可拔。一個小組十二人拉一架犁，定額每

天要翻二畝，事實上一半也難以完成。而且大家的鞋整天在佈滿蘆葦茬子的地上踩，幾天下來破爛不堪，工效因此更低。監工的隊長和指導員看看二畝定額確實不能完成，便降低為一畝，這是極限，不能再低。上午要完成五分，不完成不開飯；下午要完成五分，不完成不收工。就這樣我們便在這一畝的定額下死命掙扎來完成。按規定每天下午五時收工，可是不完成定額不能收工，於是經常要幹到六時以後甚至七時以後才能收工。回去途中天色已昏暗，連路都看不清了。

那時各大隊都不能完成定額。場部，亦稱指揮部，便召開分場全體大會。目的是督促勞改犯加緊勞動，要從勞動中表現出認罪服法，要從勞動中爭取立功贖罪，今後政府要按各人的表現，分別給予獎懲。那講話的幹部據說是分場場長。他最後說：

「共產黨最講認真，只要決心辦一件事沒有辦不到的。共產黨為達到目的，不惜犧牲一切。」

我聽了很反感，回工棚後發牢騷說：

「為達到目的不惜犧牲一切，要是不惜犧牲自己的一切，那倒罷了，只怕是不惜犧牲別人的一切。」

說了之後自覺失言，很害怕，恐怕有人去彙報。

果不出所料，第二天晚間隊部通知我去。我心知不妙，出事了，只有硬著頭皮去頂。來到隊部，一進門只見室內只有指導員一人在。

「你知道為什麼叫你來嗎？」他冷冷地問。

「不知道。」

「你昨晚說了些什麼？」他又問。

我想了一想，雖已知指的是什麼，但裝作不知，以觀動靜。

「我沒有說什麼。」我說，「想不起說了些什麼。」

「你沒有說什麼？」他說，「就是昨晚的事，你自己說了些什麼就會忘了？有人檢舉你，我念給你聽聽：某某某昨晚飯後，在工棚內當眾說，共產黨為了達到目的，不惜犧牲別人的一切，你說過沒有？」

我聽了一驚，心想事態要嚴重了，急忙申辯說：

「我不是這樣說的，把我的原話歪曲了。」於是我把原話說了一遍。

「就照你所說的原話來看，」他說，「也充分說明你對黨不滿，至少是對場長的報告不滿。難道不是你反動思想的反映？」

我思想中存在不滿是事實，不應否認，否認等於抵賴，而且與幹部爭辯非但無用，反會遭殃，因此我默不作聲。他見我低頭不語，可能認為是我認識錯誤的表現，便接著說：

「你先回去，兩天內寫一份檢討書交給我看，要寫得深刻，不能敷衍了事，看你對所犯的錯誤能不能認識，有沒有悔改的決心，再作處理，好，你回去。」

我走回工棚，別人問我是什麼事，我支吾說叫我抄寫東西。可是檢舉我的人大概心裡明白，彼此心照不宣。

第二天我按一般寫檢討的老一套寫了一份檢討書，晚上帶

著它去到隊部，只有指導員一人在內。我把檢討書交給他，他看完了問我：

「這就是你的認識嗎？」

「是的。」我說。

「太輕描淡寫了。」他說，「你的問題如果上綱上線，提高原則來分析是很嚴重的。你是知識分子，不比大老粗，別人對你的看法不同，問題就更嚴重。這次姑且認為你是一時失言，不認為你是蓄意攻擊。今後說話要特別留意，如果再犯類似錯誤，那就是明知故犯，新賬老賬一併算，一定要受到嚴厲處分。」

我應了一聲，走出隊部，心中一寬，本以為問題沒有那樣容易解決，想不到指導員並沒有深究。事後我琢磨有兩個原因：一是他本人比較開明，通情達理，不是一個極左路線的人；二是對我有一些好印象，因為我曾多次幫他抄寫文件和製報表，他都表示滿意。另外我兩次去見他都只有他一人在隊部，其他幹部都不在，對處理我這問題上，他可自作主張，不受他人干擾，否則問題恐怕不會那樣簡單。

有些人因為一句話引起問題，提高為政治上的錯誤或犯罪，小會檢查，大會批鬥，以至關禁閉或記過加刑，而我這次都倖免。但是關於我這件事的材料和別人的檢舉，我的檢討書，隊部批示等是否存入了我的檔案，不得而知，一般是不可避免的。在這種制度下，這份材料將是我終身之累。

　　從此以後我隨時隨地提高警惕，不發表自己的觀點，不暴露思想，不參與有關政治問題的閒談，別人問我有關政治和時事的問題，我推說不知道，或不作正面答覆，處處避免得罪人。謹小慎微本來與我的性格和意願格格不入，我要麼無意識地不採用，要麼有意識地不屑為，現在被處境所迫不得已也採用了。

　　場部的大會開過以後，大隊開會，中隊開會，最後小組討論。每人必須發言表態，寫決心書、保證書以及挑應戰書，重重疊疊，不厭其煩。總之是督促每個犯人挖潛力，全力以赴來完成任務。事實上每個犯人已是形容枯槁，面無人色，哪裡還有潛力可挖。

逃跑計劃

　　天氣一天天暖起來。在五一國際勞動節,場部召開獎懲大會。勞改犯因此抱著獲得減刑的希望,認為以前鬧過一陣的五一減刑的政策諾言,可能在這次大會上兌現。哪知大會上宣佈減刑的人數只有十來個人,不到總人數百分之一,而且大多數只減一年或半年,相反加刑的人數卻大大超過此數,所加的刑期也較長。這次大會完全是象徵性的政策兌現,而且是好事不兌現,壞事必兌現。

　　無怪在這次大會以後,勞改犯逃跑的事,陸續發生。當局對勞改犯逃跑當時不宣佈,只是在抓到後才公佈。那時分場外圍有兩道警戒線,但由於面積廣闊,警戒線很長,崗哨人數不多,看守不過來,勞改犯要逃越警戒線並不困難。問題是即使逃了出去,在社會上也無法生存。

　　解放後不論城市或農村,在共產黨領導和參與下成立了嚴密的居民組織,沒有合法身分的人萬難立足。即使潛伏也必在眾目監視之下被識破逮捕,再加逃犯沒有糧票和錢,更是寸步難行,隨時隨地都可能出問題。據說也有少數逃犯因為是竊盜,有偷竊的技巧,能借此為生,在各地流竄,久久未被逮

捕。從分場逃出去的勞改犯，大多數是在社會上逮捕後就地處理的，當然是性命難保。

據場部公佈，有兩次是本場武裝人員逮捕的，其中之一是該逃犯在偷越警線時當場被打死的。據說他被發現後，拼命地跑，武裝人員用自動步槍接連射擊，他身中多發子彈均未中要害，後因流血過多而死。另一案是三個勞改犯偷了隊部的兩套制服，穿了冒充幹部。另一人反綁了雙手，扮作犯人，還偽造了一封公函，偷蓋了隊部的印章，假裝成兩名幹部押送一名犯人去縣城。在通過一道關卡時因為偽造的公函不合格式被識破而逮捕，押回場部處理。不久以後這三人被判死刑，有一天下午在分場北面空地上執行槍決。所有勞改犯都不出工，強制每個勞改犯必須去參觀這法場。三人中有一人是個大學生，長相很神氣，是大隊的勤務犯，經常出入隊部，所以有機會偷隊部幹部的衣服和私蓋印章。執行槍決前先宣判，宣判時那三人反綁著站在臨時搭起的宣判台前，昂然舉首，毫無懼色，想是他們對此結局早在意料之中。宣判後隨即押到人群外的空地上槍決。在勞改隊甚至農工隊，強制去看槍斃犯人是常有的事。刑場四周崗哨密佈，架起了機槍，場裡場外到處是殺氣騰騰的標語，充滿了恐怖氣氛。勞改犯們對這種場合，確實心驚肉跳，感到害怕。

在這次獎懲大會開過後，勞改犯的情緒大為低落，體會到減刑無望，加刑卻大有可能。以前在監獄中判刑時，判死刑自不必說，至於一點小事便判刑十年、十五年、二十年，稍微

嚴重些的事便判無期或死緩，當時覺得好像是在開玩笑，至少是不會當真。但至今一看，卻是貨真價實，毫不含糊。減刑和提前釋放等想法是天真的妄想。我在這種心態支配下，苦悶加深。心想等我刑滿時已年近半百，家人恐都死光。況且這樣苦難的勞改生活，怎樣能長期支持下去？於是也產生了逃跑的念頭，而且這念頭從此時常在我腦中縈回，盤算著什麼時候逃，怎樣逃，作什麼準備等等。

經反復考慮，我決心單獨行動，決不結伴。因為任何一個我認為可作同伴的人，都有出賣我告發我的可能，這個危險比逃跑中所能遇到的危險更大。我認為整個中國如同一個大監獄，即使逃出了勞改隊，到了社會上還是在政權的手掌之中，還是在專政之下，還是無地容身。當時共產黨和政府的宣傳中所謂「人民的巨掌」即意味著反革命犯難逃法網，事實也確是如此。只有逃出國境，或許還可有出路。如走港澳這條路，不但路途遠，而且我一身襤褸，形容枯槁，既無錢又無證件，恐怕一出勞改隊範圍便會被識破，因此摒棄走這條路的計劃。想來想去只有從海上逃走。

分場地處蘇北沿海，離陳家港只有不到十公里，我曾去過那裡運回山東大蘿蔔。那裡人煙稀少，海面廣闊，靠海是大鹽場，連人影也看不到，是個脫身的好地方。我準備在臨走時把枕套和被面拆下，到伙房去偷剩飯裝入枕套作乾糧，乘黑夜逃到陳家港找一塊木板，一根竹竿或木棍，抱著木板在海上漂流，竹竿支起被面作帆。據我所知，蘇北海岸的東面是朝鮮半

島的南部，東南方向是日本九州和琉球群島，最遠也不過幾百公里。如遇順風，至多不過十多天便可到達彼岸。時值盛夏，泡在海水裡不至於凍死。我會游泳，再加抱了一塊木板，也不至於淹死，有一袋乾糧也不至於餓死。想到這些我感覺大有可為。

可是過了一兩天，我在觀望和伺機行動時，忽然想到一個關鍵問題，我的計劃是在順風的假設下擬訂的。如碰不上順風，甚至碰上逆風怎麼辦？我國氣候夏季多東南風，正好與我要漂流的方向相反，非但漂流不到海外，恐怕連海岸線也出不去。冬天多西北風，風向是對頭了，可是泡在冷水裡要凍死。想到這一問題我心冷了下來，勇氣全消。然而我在此後幾天中，仍舊注意每天的風向，有時是無風，有時是微風，有時風勢略大，但都是東南風，沒有西北風。我的逃跑計劃只好打消，打消後的心情可說是心灰意懶，痛苦絕望。

創傷

　　就在這段時期，我不幸發生了一椿工傷事故。有一天中隊派我出公差，到住所後面空地上去鏟草皮開生荒，闢建菜園。鏟草皮是很不好幹的任務，必須用海門縣生產的土鍬才能鏟得起草皮。

　　那海門鍬很重，鋼質鍬頭有四十公分長，只有十公分寬。鍬口磨得飛快，閃閃發光，兩邊突出尖銳的角，中間凹進去，成月牙形，看起來好像是一件古代的兵器，有些嚇人。生荒地的草皮盡是草根，密得像編織物，一般寬口的鈍鍬是鏟不動的。用土鍬下鍬時，必須先把它提高，然後用力一下猛甩下去，切斷草根，這樣才能鏟起草皮。我由於慢，落後於別人，怕受責備或處分，努力追趕，不料往下甩鍬時用力過猛，身子一晃動把鍬的一個銳角砸入自己的左腳背上，一陣劇痛，不禁大叫一聲，站立不穩，跌倒在地。

　　別人聽到我的叫聲跑過來看我出了什麼事。見我躺在地上，滿腳是血，便把我抬到醫務所。犯醫立刻設法為我止血，用繩子把我的小腿綁緊，但血仍湾湾不斷地流出，地下滴了一片血，過了好一會兒才停止。然後犯醫把傷口洗淨，消毒後包

紮起來，包得很厚。我問：

「為什麼包得這樣厚？」

他說：「為了防止空氣中細菌侵入，發生感染，得了破傷風是很危險的。」

然後別人把我抬到工棚中我的鋪位上。到了晚上，痛已減緩，但因流血過多，感到頭暈，昏昏睡去。當夜夢中醒來，受傷的左腳痛已停止，但感到發虛，是一種我從未經受過而且是難以形容的感覺，比痛更不好受，那只包得厚厚的腳怎麼擺都不對勁，一夜翻來覆去不得好睡。

第二天犯醫來看我，對我說：

「隊部已批准你一個星期病假，你安心休養吧，過兩天到醫務所來換藥。」

我聽了心中一寬。當時還在反右開始之前，隊部批假較寬，對犯人也不太嚴厲和敵視，否則像我那樣的病情批假一星期是不可能的。隨後兩天左腳發虛的感覺逐漸消失，夜裡睡眠較安。第三天到醫務所去換藥，仍是由別的犯人攙扶著去。那時腳上包紮的棉花和紗布已浸透了血液，血液又已乾結，整個腳如同禁錮在硬殼之中。我便自己動手解紗布，犯醫立即阻止我。他說：

「你就這樣去解掉紗布要牽動傷口，已接上口的血管會脫開，你的腳就難以保住了。你不要管，讓我來。」

隨後他去大伙房燒了一壺水，叫我把腳放在盆裡。他用杯子把熱水慢慢地澆在我腳背上，乾結的紗布溶化鬆開，最後全

部解完，一點也沒有牽動傷口，一隻腳露了出來。我一看嚇了一跳，腳的前部大半截連腳趾完全變成黑紫色，只剩腳後根還是白色。犯醫對我解釋說：

「血管被切斷，血液不流通，淤死了。但傷口已癒合，以後血液流通了，淤血便會消去，黑紫色便會退掉。可是如果退不掉，說明血液不流通，組織壞死，那你的腳只有截掉了。」

我聽了很恐慌。假如成了殘疾，今後生活上將多麼不便和痛苦。繼而一想，或可因此避免無止無休牛馬般的勞動，未始不是「塞翁失馬」。人到這種地步，患得患失思想特別嚴重，有時竟會超出常情，這種想法與「新豐折臂翁」有類似之處。這樣一想，對於自己的腳是否會殘廢倒處之泰然，不很在意了。

一星期的假很快就到期了，可是腳傷未好，遠遠沒有達到可以勞動的情況。

事有湊巧，大伙房運到了一大批山東蘿蔔，需添加二個人去切成條，醃制鹹蘿蔔乾。經犯醫推薦，我被選中。這工作不需走動，只是坐著幹，對我這傷腳的人很適合。這工作幹了近一個月，傷口全部癒合，除略感生硬外，已可走動，並未殘廢。

在這次事故中我碰上幾件僥倖的事：一是受傷地點離醫務所很近，受傷後很快便被送到醫務所進行急救，止血及時，沒有耽誤；二是當時犯醫和護士都在，就醫者又少，及時治療，未受干擾；三是在一起勞動的同犯間能互相同情，互相協助，

我受傷後別人極為主動地幫我不少忙，否則情況恐怕不會這麼順利；四是犯醫和我很熟，常在一起談天下棋，可稱難友，因此他能為我精心治療，又為我爭取較長的病假和大伙房輕勞動，我的腳才能在較短時間內痊癒。他姓尋，是很稀少的姓，所以我至今沒有忘，我對他也感激至今。

　　我的左腳雖未致殘，但到底受了重創，在此後很長的時期內，經不起走遠路或挑重擔，一遇用力過度便隱隱作痛。這一情況延續了幾年之久，體力也因此下降，苦頭吃了不少。而大腳趾旁的「草鞋骨」因此骨質增生，逐漸大起來，凸出來，成為明顯的畸形。這畸形留下了勞改苦難生活的遺痕，看到它常會勾起我痛苦的回憶。

陰謀暴動集團

　　季節既已入伏，工種也很少調動，較以往固定。每天除拉犁開荒外不做其他勞動。這對勞改犯來講，是件極為苦悶的事，在極其艱苦的勞動中自然會產生思變的心理。

　　出乎意料，有一天大隊召集開會，宣佈新訂的作息時間表，並強調政府的勞改政策是勞動生產與思想改造相結合的偉大政策。最後全體起立，由幹部帶頭高呼：偉大的中華人民共和國萬歲，偉大的中國共產黨萬歲，偉大的領袖毛主席萬歲萬歲萬萬歲。大會到此結束，宣佈散會。

　　回到中隊，中隊長又講話，大意是過去由於勞動任務緊迫，要限期完成，著重了勞改，放鬆了學習。現在新的作息時間表已制訂，每天收工後要抓緊時間吃飯，飯後中隊點名，總結一天的工作情況，對表現好的要表揚獎勵，對表現不好的要按情況分別給予批評、鬥爭、檢討、警告、記過、關小號以至加刑。點名後立即開始學習，從七點到九點，必須保證兩小時。學習內容包括政治時事、國內外形勢、毛主席著作、勞改政策、社會主義與資本主義的對比、東風壓倒西風的必然性等等。學習方式是上大課、聽報告、讀文件和報紙、小組討論、

做學習筆記和心得、互相幫助、批評和自我批評，要對壞人壞事檢舉揭發，當面或公開地、祕密或私下地均可等等。

實行新的作息時間表以後，勞動時間雖稍縮短，體力負擔雖稍減輕，可是學習時間延長，犯人們又須在學習會上互相攻訐，精神負擔卻大大加重。每晚學習時大家都累得坐都坐不住，只想躺下睡覺，卻還要端坐討論和發言。我那時任學習組長，還要做每人的發言記錄。幹事和隊長輪流來監視，毫不放鬆。與此同時，大隊發下了歌譜，由勞改犯中懂音樂的人教大家唱革命歌曲。歌詞我已記不全，其中有一首是歌頌共產黨和毛澤東的，詞意是勞改犯應該感謝共產黨對大家的再生之德。每次開飯前必須唱這首歌，唱完後才能開始吃飯。這與基督教徒在飯前做禱告有類似的用意，無非是為了表示對共產黨毛澤東感恩戴德，永志不忘。

此後的一段歲月，既沒有編隊或調動，勞動項目和工作又比較固定。全場勞改犯除勤雜人員搞菜園、修建房屋、整理衛生、醫務工作和伙房外，其餘全部投入拉犁開荒。一直到了翌年春天，據說全場已開了三萬多畝地。那時有幾輛拖拉機調來耙地，勞改犯不再開荒，轉入把開過後並經耙過的地進行平整和開溝，做播種棉花的準備。就這樣進行了約兩個來月，時令進入初夏，天氣已很熱，部分勞改犯已開始播種。

有一天早飯後，勞改犯正要出工，忽然隊部傳來通知，那天不出工，分場開大會，並叫大家開會前預先大小便，進入會場後便不許再出來。隨後看到勤雜犯們拿著大批標語、橫幅、

豎聯在各處貼，內容大抵是「粉碎反革命暴動組織」、「打擊反改造分子」、「堅決消滅人民的敵人」、「嚴厲打擊暴動分子，不獲全勝決不收兵」、「檢舉揭發，不讓一個漏網」等等。同時在分場四周隱約可見無數解放軍士兵已在放哨。這種情景使我大吃一驚，好比大禍臨頭，思想立即緊張起來。勞改犯們也都在竊竊私語，不知是怎麼回事，感到惶恐不安。不久通知大家集合，排成雙人行列，到場部北面的空地上去參加大會，是什麼會還是莫名其妙。

當我隊到達時，別的隊大多已經來到，成行地坐在地上。會場一端，已用木板搭起一座台子，台上張貼了許多橫幅、豎聯和標語。我隊來到較晚，坐在離台較遠處。台上坐著很多幹部，其中不少是生面孔，猜想是司法部門、公安部門和黨委方面的大人物。由此可知這次大會的嚴重性和當局對它的重視。隨後會場中響起了高呼口號聲，口號的詞意與標語基本相同。隊長和幹事命令我們隨著喊，喊時要高舉右臂。一時口號聲此起彼伏，連綿不斷，手臂如林，忽起忽落，聲勢嚇人。

在此同時，會場四周，逐漸佈滿了解放軍，持槍監視。台子的左右也站了許多公安部隊。在這殺氣騰騰的恐怖氣氛中，台上的幹部用揚聲器宣告大會開始，隨即有另一名幹部開始講話。大意是分場偵破了一個反革命陰謀暴動集團，它已發展成龐大組織，有綱領、有計劃地企圖暴動。骨幹分子有數十人之多，目的是搶奪武裝人員的槍支彈藥，殺害幹部，焚燒倉庫，並準備流竄到各地結納社會上潛存的反動分子，擴大聲勢，進

行大規模的反革命活動。他們中的首要分子在去年春節期間，已開始活動。政府幾乎就在同時掌握了他們的活動情況，但是不動聲色，沒有立即逮捕他們，只是嚴密地監視著，主要是為了進一步掌握全部同夥的人，因此任其發展，擴大組織，到一定時機，政府便可把他們一網打盡，免有漏網，遺留後患。現在政府根據客觀情況，認為時機已到，無須再等，因此召集這次大會，當場當眾把反革命陰謀暴動組織的為首骨幹分子立即逮捕。接著，大聲叫：

「某大隊某中隊某小組某某某站出來！」

隨著這一聲點名，武裝人員和幹部多人立即把這人從小組中揪出來，反銬著雙手拖到台前。就用這樣的方式，一個接一個的人被點名拖到台前，一共有十多人，排成一列，反銬著雙手站著。這時會場雖有數千人之多，卻鴉雀無聲，一片死寂，反映了在場犯人們緊張和沉重的心情。當局這一行動意味著甕中捉鱉，被叫到的人束手就擒。

當時我認為會上宣佈這些人的滔天罪行，是否真實，很可懷疑，至少是有渲染和誇大。在點名揪出了陰謀暴動集團的十餘名骨幹分子後，大會約有幾分鐘的沉寂。台上的人在交頭接耳，竊竊私語，看來很緊張，台下仍是肅靜無聲。

隨後那幹部接著講話，大意是當眾逮捕的這十多人是暴動集團的首惡分子，是人民的死敵，是勞改隊中的害群之馬。他們不自量力，妄圖翻天，他們的下場你們是可以看到的。至於這集團的次要分子和受了拉攏或誘騙的脅從分子，政府已掌握

材料,但現在暫不逮捕,看你們有沒有真誠悔改的決心,能不能自動坦白自首,並進一步檢舉揭發與此案有牽連的人。不要以為你們的問題並不嚴重,只是黨和政府以治病救人為宗旨,對你們做到仁至義盡,你們要認清形勢和政策,相信政府,用實際行動來自救救人。話講完後,宣佈把那十多人押走。於是武裝人員把那十多人除反銬外還加五花大綁,拖上兩輛卡車,由武裝人員押走了。

接著,又有分場管教幹事講話,佈置各大隊回去學習和討論的主題和進行方式。主要是要犯人們互相監視,每人要仔細回憶過去和現在看到聽到的可疑人物和事情,向隊部檢舉揭發等等。大會開到過了中午,四周包圍著會場的解放軍和台前的武裝人員陸陸續續撤走,犯人們按次序退出會場,回到各自的中隊。這一幕驚心動魄的場面遂告結束。可是犯人們惶恐不安的心情久久不能平靜。

當天晚上中隊又召集開會,指導員按照分場大會報告的精神佈置各小組學習,以破獲暴動集團為主題展開討論,每人必須發言和表態。隨著學習討論的深入,繼而進行坦白交代和檢舉揭發。指導員強調,在檢舉揭發中不必存在顧慮,恐怕打擊報復,政府對檢舉人是絕對保密的。對有功的人,還要獎勵。你們要大膽懷疑,不要怕冤枉好人。政府對檢舉材料要嚴格核實,在辦案中做到不冤枉一個好人,不放過一個壞人。

最後他告誡大家:已被逮捕的十多人,在政府嚴密監管下,為了自救和爭取寬大處理,必然會寫坦白和揭發材料。你

們中間凡參加他們的組織，或與他們的犯罪活動有牽連的，要採取主動，趕快坦白交待，爭取從寬處理，切勿猶豫。如果他們先揭發了你，那情況就不同了，政府就要逮捕你，從嚴懲處，決不寬待。到那時你就後悔莫及了。機不可失，時不再來，何去何從，你要及時做出決定。

這一陰謀暴動集團的偵破和大會當眾逮捕首要分子的場面，充滿了恐怖色彩，使我心情緊張，惶恐不安。可是由於此案與我無關，多少存在「隔岸觀火」的自慰思想。但是在這次中隊指導員講話之後，我產生了顧慮。原因是那被捕的十多人之中，有一人可算與我相識。這人姓費，身材矮小，面目清秀，兩眼靈活有神，顯然是個聰明機智的知識分子，是我蘇州同鄉。我和他相識的經過是這樣的：有一天下午收工，在歸途中我正和同組同鄉人孫某用家鄉話交談，旁邊走近一人問我：

「你是不是蘇州人？」

我說是的。他又說：

「我聽你講的話帶有蘇州口音，所以猜想你是蘇州人。我也是蘇州人，我們是小同鄉。」

就這樣我倆便搭訕起來。他告訴我他的姓名，又問我姓名，我如實相告。我忽然想起我家鄉費家是個望族，與我家是世交，便問他：

「有個費某某是不是你一家？」

他說：「是的，他是我的遠房伯父。」

此後在收工時又遇到了他一次，談了些彼此的年齡、學

歷、經歷、案情等以及家鄉的一些情況，除此之外其他的事都未談。一方面由於時間短促，無暇長談，一方面我自失言受警告和寫檢討之後，在談話中十分警惕，不多談關於自己的情況和思想，更不敢表露自己對政治時勢的看法和見解，所以儘量少講話。在這兩次交談以後，彼此再未會過面。

由於不屬於同一大隊，住處和工地都不在一起，遇見的機會是極少的。糟糕的是彼此已互通了姓名和其他一些情況，已可算是相識。現在他既已作為暴動集團的骨幹分子被捕，正在關押審訊中，當局對他絕不會輕易放過的。由於刑訊逼供或他本人想要坦白自救，很可能把我也拖下水，作為他檢舉立功、表示悔改的材料。而且他能準確地說出我的姓名、年齡、籍貫、學歷、案由以及我的外形和面貌等等，辦案人哪有不深信之理。我將有口難辯，無從解脫，後果不堪設想。我這樣的顧慮，並不是杞人憂天，而是非常客觀和現實的。為此我思想上起了激烈的鬥爭：我是否應該主動交代與他兩次交談的經過？以免被他先檢舉我，使我處於被動地位。繼而一想，我和他即使算是相識，但既未參加他們的組織，又未參與他們的犯罪活動，對他們的罪行一無所知，有什麼交代的必要！而且自己不可過於心虛膽怯，自找麻煩，否則將會更壞事。經反復考慮，打消了主動交代的想法，抱著聽天由命的態度，等待著事態的發展。當然思想仍然十分焦慮，只是默默地忍受著精神上的折磨，心中好似懷著鬼胎，一刻也不得安寧。

此後過了一個多星期，分場又召開大會。情況與上次大致

相同，同樣充滿了恐怖氣氛，但我感到更為緊張。因為上次大會是突然召開，大家思想上並無準備，也不知是什麼事。這次大會，已知是為一件極為嚴重、極為可怖的案件召開的，大家的心情更不能平靜。對我來說，這次大會比上次更為可怕。如果那費某檢舉了我，誣陷我為同謀或脅從，我就有被揪出來束手就擒的可能。在「坦白從寬，抗拒從嚴，檢舉揭發，立功受獎」的政策下，在自供中，故意擴大自己的罪行以求從寬處理和誣告無辜、拖人下水以求受獎的事例，不計其數。

大會開始後，仍是高呼口號，然後有一幹部來講話，好像不是上次講話那人。大意是上次大會以後，各大隊的犯人，以徹底粉碎陰謀暴動集團為題，展開了討論會，進行了坦白交待，檢舉揭發。有一部分參與者和脅從者提高了認識，相信政府，放下包袱，主動向政府交待自己的問題，這很好。對這些人政府肯定會從寬處理或不予處分。可是還有一些積極參與者和脅從分子，頑固不化，至今不主動交待，抱著抗拒到底的態度。他們也許以為可以蒙混過關，其實政府對於他們的罪惡活動，早已一清二楚，現在就把這些人點名逮捕，隨即大聲高呼：

「某大隊某中隊某小組某某某站出來！」

一聲令下，武裝人員和幹部多人立即把這人從人群中揪出來，反銬了雙手，拖到台前，情況和上次大會一樣。逮捕了八九人後停止了。我本來非常害怕，心中直跳。在進行逐個逮捕時感到好像立即要叫我的名字，結果總算倖免，心中大為寬慰。

　　接著，那幹部聲明：「政府對犯人的量刑有兩個標準，一是看罪行的輕重；二是看坦白或抗拒的程度。有的犯人罪行雖重，但能徹底坦白，有悔改表現，得到從寬處理。相反有的犯人罪行雖不很重，但死不坦白，頑抗到底，結果從嚴處理。坦白從寬，抗拒從嚴是政府英明的政策，永遠不變。今天逮捕的這些人是你們有問題的人的前車之鑒，望你們不要步他們的後塵，要從這兩次大會中得到啟發，凡與此案有牽連的人，務須及早交代，爭取從寬處理，然而政府不會等待太久，有一定的期限，機不可失，時不再來。你們切不可錯過時機。否則必自食其果，後悔莫及。」大會結束時已近日落。

　　上述這類性質的話，自我被捕以來，不知聽過多少遍，按說是應該聽膩了，厭煩了，不會起什麼作用。事實上絕非如此，每次聽到，毛骨悚然。因為這些話決不是空話，政府確實是按它執行的，這些話關係到每個被捕者生死攸關的命運。再者這些在大會上被逮捕者是早已被逮捕的人，可說是「逮捕中的逮捕」，恐怕是古今中外司法界所絕無僅有的現象。

　　第二次大會開過以後，我的思想負擔減輕了，心情輕鬆了許多。那費某沒有拖我下水，實屬大幸。我對他產生了好感，覺得他能頂住威逼利誘，不誣告無辜，有一人做事一人當的氣魄，他會參加或許是發起組織暴動的集團，就說明他不是個膽小的弱者。我在當時雖未被牽連進去，但顧慮還不能完全消除。這案件還未定案，審訊和偵查仍在進行，費某也仍在監押中，經無止無休的逼供和他本人不斷的思想鬥爭，難免還會檢

舉我作為同謀或脅從，還不能斷定從此就沒有我的事，可以逍遙自在了。正如中隊長曾說過：

「對於這個陰謀暴動集團，政府決心要把它徹底粉碎。把所有一切主犯、從犯一網打盡，不獲全勝決不收兵！」

有一天我因病在工棚休息，沒有出工。我的鋪位在工棚的一頭，還有一病號睡在工棚的另一頭，相距有三十多公尺，其他勞改犯都出工了，工棚中空蕩蕩的。有一名幹部模樣的中年人，穿著制服，拿著公事包，從另一頭走進工棚。他先和那頭的病號交談，不一會兒他走過來，到了我面前，問我為什麼沒有出工。我說我是病休，並隨手把病假條給他看。原以為他是場部的幹部來檢查出勤情況的，可是他擺了擺手，表示不要看。接著，問我姓名、年齡、籍貫、學歷、經歷、案由等等，我一一據實答覆。他接著說：

「你判了十二年徒刑能出來勞改，是不幸中的大幸。按原來的政策，凡判十年以上的犯人都要鎮壓的。後來政府以治病救人為宗旨，政策改變了，寬大了，把本要處決的人判處有期徒刑，投入勞改，以觀後效。你應該感謝政府，努力勞動，認真學習，痛改前非，走上自新之路。」

我聽了無話可說，只是唯唯諾諾而已。至此他沒有再問我什麼，我也就不再說什麼，交談結束後他便走了。我心中很納悶，為什麼這幹部對犯人的態度會這樣溫和？而且透露給我這樣機密的信息？一般情況下這種信息是嚴格保密的。可能他是出於同情心，目的是為了寬慰我，鼓勵我好好地勞動改造。至

於他所說政策寬大是為了治病救人，給本來要鎮壓的犯人判有期徒刑，是給以自新的機會，好像是說黨和政府在施仁政，能為犯人著想。這是好聽的謊言，與我親歷的情況和所見所聞不相符合。諸如羅織罪名、誣陷無辜、大逮捕、興大獄、大屠殺等等哪一項可算是治病救人？哪一項可算是仁政？

據我猜測，如果那幹部所說政府把原來要判死刑的人，判處了有期徒刑這一點屬實的話，可能是共產黨掌權不久，有不少緊迫艱巨的工程，諸如興修水利、建築公路和鐵路、開發礦藏、開墾荒地等，正可利用勞改犯的無償勞動力去進行，從而獲得高額的經濟效益，比槍斃他們更為有利。

後來聽人傳說，上海市監獄派人來調查上海市大隊勞改犯的情況。我暗自估計那來工棚和我談話的人就是其中之一，他知道上海市監獄的情況，自然不足為奇了。這一段經歷使我思潮起伏，在無法紀無人權的專政體制下，一個人的生死存亡，常繫於掌權者一念之差，真是懸而又懸。我本想把這信息告訴與我相好的犯人，但恐怕傳到隊部，又要惹事生非，這件事非同小可，政府定要追究，非但會引火燒身，還要連累那好心的幹部，因此我緘口不言，始終沒有透露給任何人。

盛夏過去，新秋來到，那陰謀暴動一案暫時沉寂，但是未結案。對被逮捕的兩批重犯仍未處理，仍在審訊之中。據幹部們講還要深究，以達到徹底肅清，從而我的擔心也仍未解除。有一天大隊召集開會，宣佈有一批犯人將調往西部去築鐵路，接著宣佈名單，我的名字居然在內。這對我來說可謂天大的喜

事。因為我能調走，說明我與陰謀暴動一案沒有牽連。心中一直懸掛著的石頭才算放下，感到無比輕鬆和高興。至於西部築鐵路是什麼情況，我一無所知，也根本不去考慮。在這裡當著犯人槍斃逃犯，當著犯人逮捕陰謀暴動分子，不斷地開批判鬥爭會，持續地逼迫犯人坦白交代、檢舉揭發等種種造成緊張恐怖氣氛的做法，使犯人們人心惶惶，終日不安，我能早日脫離這個鬼地方，避開這可怕的環境，當然是求之不得的。

第六章　西部地區築鐵路

巴王河大橋

　　大隊宣佈要抽調一部分犯人去西部築鐵路，犯人中起了一陣騷動。凡點到名的人第二天不出工，一清早便編隊整理行李，準備出發。勞改犯的調動，有時比軍隊的調動還緊張，幾乎不給喘息的餘地。可是當時我的心情卻十分舒暢，調到一個新地方，換一個新環境，即使勞動仍然艱苦，精神上的折磨可減少，因此好像要去遠途旅遊一樣地高興。我把破破爛爛的東西收拾好，等待出發。午後通知集合，按新編制排成縱隊，步行到大遊社總場指揮部，從各分場各大隊抽調來的幾百人都在此集中，並重新編隊。

　　從分場到總場指揮部步行三個多小時，到達時已近傍晚，路好走還不覺很累。第二天一早在指揮部大院集合，發放單衣褲、棉衣褲和一床棉被，質量雖差，卻是全新，這是出乎意料之外的事。我們這批犯人自投入勞改三年多以來從未發過任何東西。有接濟的犯人還好，沒有接濟的犯人，衣服都已破爛不堪，我即其一。我在被捕時身上穿了一件絲棉長袍，後來下襟破了，剪下來做了一件背心，長袍變成短袍。這兩件東西後來破得披披掛掛，露肉透風。被子也爛成一團，蓋不住身子。我

正在為此發愁，現在發下新衣被，對我來說，是一樁大喜事。

按我的想法，從蘇北農場到西部任何地方去都要先到海州，現稱連雲港市，然後乘火車西行。因為蘇北農場所在的濱海縣離海州不遠，這條路線是捷徑。可是實際上走的路線是先乘船到淮陰，又乘船順運河南下，渡過長江到達鎮江，在鎮江停留了約十天，住在鎮江監獄。

鎮江監獄中有女犯，多數是年輕婦女，在監獄中勞動。我們這批勞改犯多年沒有見到女性，一旦看見了女犯，不免感到新奇。品行低劣的人甚至竊竊私語，評頭論足，要不是犯人身分和紀律嚴格，有可能出現越軌行為。

我們住的是新建成的監獄工廠的廠房，鋼筋水泥建築，寬敞明亮。機器和設備還未安裝，但水電已經接通，暫時作為我們的住所。天氣是涼而未寒，地上鋪了乾草，睡起來很舒服。伙食也不錯，糙米飯加鹹菜湯，吃起來很香。帶隊的幹部們可能上街去逛了，沒有佈置勞動或學習任務。大家除一日兩餐外，無所事事。有人睡覺，有人下棋看書，有人在監獄花園中散步，幾年來從未有過這樣的閒適。那鎮江監獄環境優美整潔，庭院中和監舍廠房四周有很多樹木花草。花園很大，其中有一個池塘，旁邊還有亭子和假山。由於這一切，看起來不像是監獄。據說這裡是鎮江的模範監獄，專關押不調出勞改的女犯和重刑犯，包括死緩和無期，生活待遇要比一般監獄好。我們這批過路客暫住此地也沾了光。

在這裡悠閒的生活過了不多天，出發去西部的通知下來

了，於是平靜的生活又起騷動。大家急急忙忙地收拾行李，整裝待命，一直等到下午才動身。步行到監獄附近鐵路岔道上一個小車站，登上一列鐵皮貨車。這次不是專列，幾節貨車是掛在普通客車後面的，因此不像上次那樣每站必停。這次車廂較空，車行較快，我們少吃不少苦頭。一路經過南京、徐州、濟南、天津、北京等地到達集寧，這就是目的地。至於為什麼要繞這樣的圈子，弄不清楚。這一路從出發到終點，共走了一個多月。原因是在鎮江呆了約十天，另外是從農場到鎮江所乘的船航行得太慢。一隻小火輪拖了十多隻木船，馬力不夠，拖不快。好在犯人對時間是無所謂的，早到目的地也一無好處，無非是早一天開始艱苦的勞動。

集寧屬內蒙古自治區，舊稱平地泉，在京包線上，是溝通我國和蒙古人民共和國的集二鐵路的南端起點，北端起點是二連浩特。再往北就進入外蒙國境。這裡是橫貫中蒙邊境的山脈中的一個山口，據說這地區冬天多風很冷，因為西伯利亞的寒流通過外蒙由此山口流入我國境內。犯人的住地是在集二鐵路巴王河大橋墩下巴王河畔。住的仍是A字工棚，就睡地上，好在是沙土地，很乾燥。因鄰近城市，所以警備森嚴。住地四周有電網，崗樓密佈，解放軍日夜看守，還有騎兵在外圍巡邏。每次出工，一路上由騎兵押送。犯人如果走得慢了些，他們便大聲吆喝督促並用腳踢或用馬鞭抽打。這種情景即使在古代暴君政權下恐怕也難得出現，現在卻發生在二十世紀的人民共和國。如今回想起來，仍不禁怒火中燒，久久不能平息。身受這

樣的屈辱，畢生難忘。

　　我們在此地的任務是加固巴王河橋南面的鐵路路基，具體的工作是路基兩側幫坡。那地段的路基實際上是個大堤，高約二十多公尺，兩側坡度在四十五度左右。由於過陡，坡面上的泥土經風吹雨淋，逐漸失落，坡面變成坑窪不平，寬度也因此縮小，危及鐵軌的安全。因此，要把坡度擴充為三十度，並須夯實加固，以免泥土失落。

　　這項工程的勞動主要是取土、運土、填土和打夯，看來好像簡單，並不費事，事實上由於地形複雜，附近土質疏鬆等問題，工程進行十分困難。從事這項勞動，體力消耗極大，是民工、築路工或工程兵所不能忍受而不願幹的苦活累活，只有勞改犯被迫去苦幹。造成困難的另一原因是附近沒有黏土，只用沙土幫坡不牢固，不適用，必須到很遠的一塊雜草叢生的荒地去取黏土。那裡地面坎坷不平，地下草根密佈，挖土十分吃力。而且幾百米的運輸距離要在雜樹叢和石塊中穿行，十分費勁。我們每天幹得精疲力竭，還是完不成定額。所謂定額沒有依據和標準，完全由幹部們憑空武斷，而且都是在寧高勿低和寧左勿右的思想支配下制訂的。幹部們對犯人的苦難和死活置之不顧，只關心工程進度，於是加班加點，延長勞動時間，犯人在嚴格管制下和生命的威脅中，不敢違抗，只有逆來順受，唯命是從。

　　在集寧也不知過了多少難熬的日子後，進入隆冬。當地的冬天從外蒙侵來的寒流一個接一個。犯人的駐地正當山口，遇

到特大寒流，飛沙走石，眼都睜不開，天空一片混沌，寒冷自不必說。所住工棚漏雨透風，夜裡凍得睡不好覺。每天清晨起身時，嘴巴附近的被子由於呼出的水氣凝結一層冰。這樣的嚴寒對犯人的威脅特別大，因為住所和衣被鞋帽等禦寒的條件很差。尤其是營養不良，體力和熱量消耗過多，抗寒力極弱，更覺冷不可耐。我從蘇北農場調來集寧，精神上的折磨減少了，可是生活上的苦難增加了，兩相比較也說不上孰優孰劣。我自被捕以來，經過了許多階段，換了許多環境，可是每況愈下，總是在盼望和失望、失望和盼望的不斷交替中，熬過苦難的日子。

糧食定量

冬去春來，天氣漸暖。再苦難的日子，只要不死，也總會過去。可是嚴寒的威脅剛過去不久，一個更大的威脅接踵而來，那就是「糧食定量」。這政策對犯人來講，是大難臨頭，造成不可言喻的恐慌和混亂，直接影響健康和生命。

在勞改隊，「糧食定量」是突然開始的，事先並未宣佈。甚至在開始實行後，幹部才僅僅提出「糧食定量」這一詞。為了什麼？怎麼辦？犯人應該這樣那樣等都未說明。以往凡遇重大事情或新的政策，照例是事先開大會宣佈，然後由中隊佈置學習，再由小組討論，各人表態，寫保證書、決心書、挑戰書等等。這次卻一反慣例，這些程序都未進行。所以事先大家一無所知，原因何在，不得而知。大家對這新鮮事初聽之下覺得莫名其妙，古今中外所未有，有生以來所未聞。在實行之初，犯人間發生了空前的混亂和恐慌。

犯人的伙食，假日是一日兩餐，平時是一日三餐。粗糧乾飯，如苞米、高粱、小米之類，有時摻入白薯或馬鈴薯。在就餐時每一小組發給一小面盆鹽水青菜湯，就靠這一點點鹹味送飯。因此大家互相監督，每人輪流舀一勺，不許多舀。吃到最

後連盆底剩下一些帶泥沙的湯渣也吃得精光。飯菜雖極粗劣，但是犯人在一天長時間的重勞動之後，飢餓已極，因此仍然吃得很香。犯人靠此來維持生命，除此之外吃不到任何其他東西。

可是，有一天，出乎意料的事，也可說是可怕的事發生了。那天下午收工回來吃晚飯時，多數人吃了兩碗飯，少數人只吃了一碗，那兩個大木桶中的飯由於沒有盛滿便吃光了。沒有吃飽的人抬著大木桶到伙房去添，伙房的犯人說沒有了。我一向吃不快，也只吃了一碗，沒有吃飽，因此心中惱火，認為伙房不負責沒有做夠飯，讓大家挨餓，便隨眾與伙房吵鬧，並到伙房裡去亂翻，看看有沒有把飯藏起來，可是找不到，所有盛器都是空空如也，於是告到隊部。我沒有去隊部，因為我一向不願見到幹部們，尤其不願和他們打交道。據去的人講，隊長和指導員只聽而不作聲，最後才說：

「知道了，這不是伙房的問題，你們不許去伙房鬧，誰去鬧就處分誰。問題何在，以後會告訴你們，回去！」

到底是什麼問題，誰也弄不懂，但總以為這是一時的特殊事件，決不會持久不變，也決不會再發生的，也就不去深究。當晚的風波就過去了，我可是餓得一夜不得好睡。

到了第二天開早飯時，大家由於昨晚的經驗，都爭先恐後地去盛飯，每人把飯具盛得滿滿，狼吞虎嚥地吃。情況比昨晚更糟，昨晚是少數人只吃到一碗，這下是多數人只吃到一碗。而且在盛飯時由於爭奪飯勺和擠近飯桶發生了爭吵，甚至動武。有人竟不用飯勺就用飯具去舀，因此飯粒撒了一地，情況

一片混亂。我仍只吃到一碗，還是費盡了力氣才弄到的，吃了個半飽。

各小組長把這種情況向隊部彙報，隊長和指導員來到現場，下令大家按小組站隊，然後怒氣衝衝地訓話：

「你們想要幹什麼？想要造反？你們是有罪的人，如果再犯罪是什麼問題？是抗拒改造，堅決與人民為敵，只有死路一條。飯並不是不夠吃，而是故意要爭，有句老話『爭則不足，讓則有餘』，一爭就造成有人吃得過多，有人吃不飽。如大家均勻著吃，飯是絕對夠吃的，現在馬上出工，問題晚上再說。」

犯人們深知自己是在專政之下，專政意味著什麼，沒有人不清楚，如果被指責為抗拒改造將導致什麼後果，心裡也都明白。在強大壓力之下，大家不敢爭辯，默不作聲，心中只盼這情況決不是長久的，以後一定會好轉。

當天中午收工回來吃午飯，開飯時，隊長，指導員、幹事等幹部都來了，命令犯人按名冊上的次序排好隊，依次輪流去盛飯。第一輪完畢後再開始第二輪，不許爭先，不許混亂。誰要擾亂秩序，就揪出來不許再吃。第一輪排在最先的人第二輪排在最後，以此類推。辦法既已規定，就按此嚴格執行，而且每人不許自己盛飯，由各小組長掌勺代盛。我對這辦法很贊成，免得一到吃飯如臨大敵，一片混戰。

但在，開始排隊盛飯時又發現了一樁出乎意料之事，原來大木桶中裝的不是乾飯，而是稀飯，這是勞改隊從未有過的

事。稀飯很稀，裡面有一些未去皮的土豆塊。盛飯後我一吃是淡稀飯，沒有放鹽，在吃完了第三碗後，由於沒有鹹味感到反胃，再也吃不下去了。在此有一點須說明一下，我上述所謂「碗」其實並不是碗，而是各人自備的餐具，有搪瓷飯盆、搪瓷杯，鋁飯盒等，大小不一，此外還有小面盆以至小痰盂，浙閩來的人還有用竹木筒當飯具的，五花八門，形形色色。我用的是一個大搪瓷杯，裝飯裝水都適用。為了方便，我統稱之為「碗」。那頓午飯大家輪流盛飯，繞圈子走動，你來我往，穿梭不停，邊走邊吃，猶如和尚道士做佛事或道場，回想起來情況十分可笑，可是當時在緊張之中沒有人會有這種感覺。

這種吃飯辦法由於每個人都可吃到三至四碗稀飯，肚子被水分撐飽了，飢餓的感覺暫時消失。但下午到工地後，一經勞動，小便接連而來，幾次小便後，腹內空了，立即感到飢餓，全身乏力，無論挑土、裝筐、打夯等都沒有勁。說也奇怪，平時隊長、指導員、幹事經常來到工地督工，那天卻不見他們來，於是大家在勞動上也就疲塌下來。

那天晚飯仍照午飯方式進行。夜間每人小便頻仍，睡不好覺。早晨勉強起來，頭昏腦脹，沒有精神，其後一連多日都是如此。犯人們的不滿情緒，越來越嚴重，有人甚至懷疑政府要把犯人餓死，我也曾有過這種想法。

也記不清又過了多少天，大隊開會，會上才宣佈了「糧食定量」政策，並說明這是由於自然災害糧食歉收造成的，不單犯人的口糧要定量，全國所有的人的口糧都要定量，要大家盡

力克服困難，度過難關，以後情況一定會好轉。至於犯人口糧的定額是多少卻沒有宣佈。我心想這肯定有鬼，不然這最關鍵的事為什麼不宣佈？可是誰敢對這一點提出疑問！對於自然災害這一點，也令人半信半疑。為什麼關於這方面的具體情況隻字未提？

我過去不是多疑的人，只是由於幾年來親身所經歷和所見所聞關於政府欺騙人的事很多，自然而然地對政府不信任。幹部們對「糧食定量」遲遲不予宣佈，可能是因為對此政策也有抵觸情緒。一方面上級要求他們督促犯人完成定額，加速工程進度，一方面又不給犯人吃飽。凡有點理智和良心的人自然會認為不合情理和不人道。但是為了平息犯人不滿情緒和消除開飯時發生的混亂局面，不得不把「糧食定量」政策公諸於眾。「糧食定量」對犯人來講是件生死攸關的大事，當時給我的印象太深了。現在在為寫本文，經過不斷的追憶，當時所發生的一切猶如電影般在我腦海中一幕幕地放映出來，歷歷如在目前。

從此以後，「糧食定量」成為經常，成為制度，絕不允許違背和破壞。犯人先前所抱只是暫時情況的希望成為泡影，每天無時無刻不在飢餓絕望之中。同時幹部們對犯人的督促也較以前鬆，犯人勞動沒有以前那樣緊張。事實上確實也緊張不起來，身子日瘦，體力大減，不少人連走路都走不動了。我從小飯量較小，這時也感到難熬。那些個子大、年紀輕、飯量大的犯人是怎樣的遭罪，可想而知。犯人就在這種情況下一天天地挨過日子，處於高壓之下，默默忍受，不敢反抗。

　　有一天下午收工後開晚飯，稀飯是用兩個大木桶盛裝的，由伙房服役犯抬到大院中。其中一桶因抬它的服役犯跌跤翻倒，整桶稀飯倒在地上，並向四周淌開，正巧淌到我腳邊。這時，許多犯人聚攏來拿手捧來吃，因為捧不起多少便趴在地上用嘴吸。我當時由於飢餓，一衝動也想趴下來吸，但另一想法阻止了我。我想到一個人弄到這步田地也太可悲了，像豬狗一般地吃垃圾會給自己的心靈投上屈辱的陰影，留下痛苦的回憶，再說，即便多吃幾口稀飯又能解決什麼問題？自尊心使我背轉身去走離淌在我腳邊的稀飯。那大院是沙土地，不一會就把稀飯吸幹。可是仍有犯人把米粒連沙子一同捧起來，盛在碗內，用水漂出米粒來吃，頃刻之間地上的米粒被刮得乾乾淨淨。

　　巴王河大橋南端鐵路路基的幫坡工程，原計劃半年完成，但是由於糧食定量，犯人體力不濟，一直拖到秋天還未結束。有一天隊部忽來通知，那天不出工，叫大家準備好鎬、鍬、擔子，全體到附近老鄉地裡挖包心菜菜根，說是因為菜根中的嫩心削出後摻在稀飯中可使大家吃得飽一些。大家一聽高興之極，鬧哄哄地到老鄉地裡拼命地挖菜根，一直挖到午後太陽偏西才停。大家挑著裝得滿滿的菜根擔子，興高采烈地回到大伙房。

　　午飯後，全體出動用鐮刀削菜根，把嫩心削出來。那嫩心脆嫩可食，很像萵筍。當晚每人多吃到一碗稀飯，而且比平時的稀飯稍稠。這樣吃了約四、五天後又去挖了一次，又吃了幾天。好在當地老鄉種了大面積的包心菜，菜根一時挖不完。此

後隔些日子又去挖了幾次。在這段時間內犯人從飢餓中稍稍解脫出來。從這件事情中，犯人體會出政府好似並沒有要把犯人餓死的企圖，思想較為寬慰。

可是，好景不長，隆冬來到，天寒地凍，菜根大多腐爛，已很難挖掘，這一救急措施只好放棄，於是三餐稀飯又恢復既少又稀的原樣。犯人挨餓勞動的嚴酷事實促使每人的健康急劇惡化，病員日益增加。糧食定量實行半年以後，勞改犯支持不住的現象愈來愈明顯。

集寧地處山口，入冬以後寒流頻頻。犯人因吃不飽，體內熱量不足，對寒冷的抵抗力很差，患感冒的人很多，受寒腹瀉的人也多。屋後毛坑中的大小便溢出坑外凍成冰塊，與平地連成一片糞水。有一次我去大便，自己解出的小便流到鞋底下很快把一雙鞋凍住了，解好大便起身時兩隻鞋已拔不起來，只好赤腳去工具房拿了鐵鎬把鞋刨起，因此耽誤了按時出工，受到了批評。據說這種情況，別人已經發生過，我已經不是第一個了。

那時候幹部把犯人生病看作是一項累贅，直接影響出工率，間接影響工程進度，因此批假極嚴。我有多次生病，由於病情不夠嚴重不批假，勉強出工。如果不出工那是抗拒改造，是件了不起的大事，而且隊部也決不會聽之任之，必令小組長和其他積極分子把病人死拉活推地弄到工地，強迫勞動，如敢抗拒就遭到拳打腳踢，事後還要開會鬥爭。

已批假的病情較輕的病人留隊治療。所謂治療，外傷則消毒包紮，內科則給一些極普通的廉價成藥，別無其他，動手術

或用較好的藥是妄想。我那次傷腳得到較好的醫治可說是極少的例外。較重病員立即調走，據說是調到病員集中的病號隊。這病號隊在何處？情況如何？大隊的犯人是一無所知，但調走的病員從未見再回來。犯人與犯人非親非故，素不相識，政府政策嚴禁私人拉攏，尤其是所謂搞小團體。而且各人自顧不暇，自身難保，誰去管別人的事。但有人透露去病號隊的人都是重病號，大多數病死其中，到底是什麼情況，是個謎。

55公里

　　在犯人體力不濟，病號又多的情況下，工程進程很慢，一直拖到次年春節才基本完成，除留下少數人做結尾工作外，其餘調到西部包白線。這包白線是內蒙包頭和白雲鄂博間的一條運輸煤和鐵礦石的專用鐵路。當時在白雲鄂博發現了煤礦和鐵礦，品位很高，於是設區開採，並建設包白線把煤和鐵礦石從白雲鄂博運到包頭，供應包頭鋼鐵聯合企業。

　　這次調去的犯人約千餘人。先從集寧乘火車到包頭，再從包頭乘汽車到「55公里」。那時包白線是已經規劃，還未修建。這「55公里」是包白線上要設站的一個地點，荒山群中，沒有名稱，因那兒離包頭55公里，便以此為名，便於稱謂。

　　我們這批犯人從包頭乘多輛卡車出發，一路上有騎兵押送，浩浩蕩蕩，路人為之側目。起先卡車還有一條公路可行駛，不久公路沒有了，便沿著一條沙河前進。那條沙河是季節河，夏秋有水，冬春乾涸。河床上盡是沙石，沒有泥土，車輪不會陷，但會打滑。有一處要翻過兩個山頭，坡度很陡，車開不上去，犯人全部下車推，卡車在邊開邊推中才到達山頂。下山時犯人全上了車，車子溜下山，搖搖晃晃，十分危險。我會

駕駛，可從未遇到過這樣的陡坡。卡車後廂，下面放行李，上面坐人，人坐在行李上已高過車廂欄杆，隨著車的顛簸東倒西歪，很有摔下車的危險，令人心中發怵。

我們來到這「55公里」，仍舊是築鐵路路基。但是在集寧是土方工程，這裡是石方工程。我起初以為鐵路是建築在河床上，因為只有河床是平地，雙側都是山。山頭一個接一個，連綿不斷，看不到可以鋪路軌的地方。後來才知道這石方工程是在河床一側的山坡上開出一條切口，並利用開下來的石塊填充山頭與山頭之間的溝豁，這樣既處理開下來的石塊，又省去了架設橋樑，而且運距很短，又是往下傾倒石塊，比較省力。石方不須打夯，也省工不少。在山坡開切口，是用鎬挖的，石頭表層經風化很鬆脆，很容易挖。整個工程比集寧的幫坡土方工程好搞。

這一段路基是全線的重點工程，在此要填滿兩個很深的山溝。山坡上風化石挖完後，裡面是未經風化的堅硬石頭，用鎬挖不動，便打炮眼填入炸藥炸開。每天炮聲不斷，工地上硝煙瀰漫，猶如戰場。據說當時石方的計算是挖下一方石塊算作一方挖方，填入山溝一方算作一方填方。這樣一挖一填便算作兩方石方，事實上是一道工序，因此工效較高，進度較快。這對犯人大有好處，隊長、指導員、幹事等督工較鬆，犯人勞動不致過於緊張，對餓著肚子的犯人可說是天大的隆恩。

但是同時卻發生了一樁苦事，犯人每天在佈滿邊角銳利的石塊上挑擔走動，鞋底磨損極快，一雙新鞋穿不到一星期，鞋

底便磨破。我的鞋本來就不行，挑擔穿了幾天更破了，於是腳底磨破。犯人中磨破腳底的人愈來愈多，挑擔和推小車運石塊的工效愈來愈低。隊部把這情況向上級反映，上級便向附近老鄉定做布鞋，做好後每人發給一雙。可是布鞋底更不耐磨，幾天就磨穿，於是犯人們各自想辦法來修補：有人用鉛絲紮上舊鞋底；有人把破布縫在襪子上；有人把木片鉛皮墊在鞋底的破洞上，五花八門各出心裁。有一個聰明犯人想出一個好辦法：把鞋底上塗上熱柏油，然後在小碎石和沙子上踩。使它們嵌入柏油中，冷卻後變得堅硬耐磨，這辦法既方便又有效，一雙鞋可多穿好多天，從此以後每逢發下新布鞋，大家都照辦。好在建築工地上到處都有柏油，而且塗鞋底所用極有限，下腳廢料已足夠用了。

犯人們這一顧慮大為減緩，可是另一問題又日益嚴重，那就是棉衣棉褲的問題。犯人們的棉衣棉褲已發下近兩年，由於長期在勞動中磨擦拉扯，破損得很快，雖經各人不斷地修補也無濟於事。每人都是披一條掛一塊，破破爛爛，形同乞丐。我因經常挑擔子，破得更不像樣，棉衣兩肩破兩個洞，棉褲破幾個洞，有幾處披掛到要掉下碎片，便用麻皮紮在一處，勉強不致散失，好歹能擋一些風。

大概由於犯人的棉衣褲實在太破爛了，隊部透露消息要發新棉衣棉褲。隊長告誡大家，新棉衣棉褲數量不夠，不能每人都發到，因此凡衣褲不太破的人暫時等待一下，讓實在不行的人先換，這次發不到的人不久以後再補發。大家要有互讓的精

神，決不可爭吵。這下不要緊，大家暗中把自己的舊棉衣棉褲故意扯爛，以免發不到新的。不敢當眾扯，便在廁所中扯或在睡覺時扯。有些人的衣褲本來還可以，也扯得稀爛。大家對於會補發之說沒有人真信，因為幹部們言而無信，出爾反爾，屢見不鮮。由於這個原因，再加其他原因，多年來犯人中造成了遇利必爭，爭必死爭的風氣。

次日下午收工後中隊集合，隊長、指導員、幹事們都來了。院子中放著幾大捆黑色棉衣棉褲。犯人們排好隊，由幹部們點名觀察，按舊衣褲破爛程度排次序，然後按次序發衣褲。發到最後還剩十餘人時已發完，隊長對沒有發到的人說以後會補發。這十餘人除現有的一套外，可以在被換下的舊衣褲中另選一套作為修補舊衣褲的材料，這一辦法稍稍平息了發不到的人的不滿情緒。作為一個犯人是沒有發言權的，更不敢表示抗議，只有忍氣吞聲，自認晦氣。

我的舊衣褲因平時不事修補是屬於最破爛的，所以先發到了。事後，我把發棉衣褲的先後情況向隊部寫了一份報告，並提出一項建議，內容是：「這次發棉衣棉褲，按破爛的程度來發，誰的衣褲越破爛越優先發到，誰的衣褲越完整越發不到，造成了犯人們唯恐自己的衣褲不夠破爛，發不到新的，於是在暗中故意扯破自己的衣褲。由此可見這辦法不好，但已是既成事實，不能挽回。我建議隊部向大家宣佈：下次發新衣褲，無論是棉的或單的，按完整程度的次序發，一律先發給對衣褲愛護好的人。誰的舊衣褲越完整越優先發給新的，對衣褲破爛的

人最後發。對發不到的人，發給換下來的舊衣褲。隊部可備針線剪刀、棉花和碎布，誰要修補衣褲可隨時領用。」

這個建議得到幹部們的同意，並召集大會把這項辦法宣佈，犯人們對此也表示歡迎。從此以後，犯人們及時修補衣褲，保護得很好，不像以前那樣襤褸，情況大為好轉。幹部們稱讚我說：

「到底是大學生有頭腦，想得出好辦法。」

自投入勞改以來，「大學生」一直是個貶義詞，是被恥笑的對象，唯獨這一次含有褒義。不久隊部又提升我為小組的學習組長和隊部的通訊員，可說是因功受獎。

通訊員的任務是辦理犯人的信件、匯款和郵包，傳達隊部的命令或通知，替幹部作報表和抄寫文件等雜務，事務並不繁重。這樣一來我在工地上的勞動時間減少了，體力的消耗減低了，同時也不再受龍頭犯人的欺壓，因為我和幹部們接近，他們對我有了顧忌。可是生活中添了很多瑣事，不如以前那樣簡單平靜。有人很羨慕我，認為我勞動既輕又有博得幹部們好感的機會，對爭取減刑有利。可是按我的個性，不喜歡幹必須負責的事情，更不願與政府的工作人員打交道，只是對幹部的工作分配不能違抗。犯人必須遵守的監規中有一條是服從命令聽指揮，我幹這項工作實在是勉為其難，並非甘心情願。我的一項建議，原來只是為犯人著想，也是為了自己的利益著想，想不到導致了這樣的後果。

評定勞動等級

　　來到「55公里」後，也記不清過了多久，因受糧食定量的影響，犯人中病號日益增多，較重病號照例調去病號隊。中隊的人數一天天減少，工程進度逐漸低落。有一天晚間，隊部召集小組長去開會，回來後向大家傳達了一件出奇的事：隊部命令所有犯人都要評定勞動等級，分為甲、乙、丙三個等級。評定的辦法採用自報公議，由隊部核准。目的是什麼？沒有宣佈。這下引起了大家的疑慮。有人以為有重勞動的任務，須體力強的人去幹；有人以為是為了照顧年老體弱的人，調去幹輕勞動；有人以為要按體力強弱重新編隊重新分配工作。我猜不出是什麼原因，但深信這肯定是與犯人切身利益有重大關係的事情，經驗告訴我事先不宣佈的事總是凶多吉少。

　　在當晚進行評定體力等級時，多數人存在患得患失的思想，摸不清是往高裡報好，還是往低裡報好，因此默不作聲，沒有人肯領先自報，會上出現冷場。我那時已當上了學習組長，須掌握開會，可也不知怎樣辦。後來我說：

　　「大家不願先報，由我和勞動組長先報，我報乙等，你呢？」

「糧食定量實行以來已經一年多，由於政府政策正確，犯人們遵紀守法，因此沒有發生重大偏差和問題。可是仍有少數反改造分子私下發牢騷，散佈流言蜚語。現在警告這些人，你們這些泥鰍是掀不起大浪的，如果不安心改造，亂說亂動，必將受到嚴厲處分。過去一年多大家吃的是稀飯，經過這較長時間的實踐，發現這辦法不好。第一點，大家吃的數量一樣多，是表面上的平均，從而體力強表現好的人由於勞動量大，吃不飽。相反體力弱表現差的人由於勞動量小，吃得過多。這是實際上的不公平，是不合理的。這次叫大家評定勞動力等級，就是為了打破這種不合理的平均分飯辦法，打破這種平均主義。從今以後，大家要按評定的勞動力等級吃飯，即甲等勞動力的人吃甲等飯；乙等勞動力的人吃乙等飯；丙等勞動力的人吃丙等飯。具體辦法是今後改吃乾飯，即高粱饃或玉米饃。甲等每人四個；乙等每人三個；丙等每人二個。另有開水每小組兩桶，大家分喝，一日三餐都是如此。各小組由小組長開出全組名單，注明各人勞動力等級，並統計出甲等幾人，乙等幾人，丙等幾人，交隊部和伙房。開飯時伙房按名單上的統計數字，把饃分發給各小組，然後由小組長按各人的等級分發給各人。如有人不守紀律，爭吵或搗亂，立即報告隊部，從嚴處理。」

幹部的報告完畢後，犯人中起了一陣騷動。評定勞動等級原來是為了分等級吃飯，實在是意料不到的事，種種猜測沒有一個猜中。糧食定量已是空前未有，按體力分等級吃飯更是聞所未聞。這項辦法對體力強的人可說是照顧，對體力差的人是

虐待。第二天按勞動等級吃飯的辦法就開始執行。開早飯時各小組的小組長去伙房領飯，伙房按各小組名單的數目把玉米饃發給各小組。那饃約有鵝蛋大，從底的中部到中心是空的，這是為看起來大一些，同時容易蒸熟。小組長領回饃後按各人的等級分發給各人，然後由小組值日去伙房挑回兩桶開水，每人可分到一杯，不能多喝，因當地沒有水源，須用卡車去遠處運來。猜想這也許是不吃稀飯改吃乾飯的原因之一。在飲水都不夠的情況下，每天早晨一個小組發給兩臉盆冷水洗臉外，其他用途概不供應。犯人們個個骯髒不堪，工棚內臭氣熏人。這種狀態一直到天暖開凍，山腳下小溪中冒出細流後才緩和。

此後一日三餐都按此辦法執行。我屬乙等勞動力吃乙等飯，比以前無大出入。吃甲等飯的人當然比以前好過些，最難熬的是吃丙等飯的人，兩個空心饃幾口便下肚了，連半飽都談不上。有些人勞動力雖差，可是飯量並不小，勞動力和飯量並非一定成正比。這辦法執行幾個月之後，有的人明顯不能支持，不但外形消瘦，精神也日益萎縮，連走路也搖搖晃晃走不穩，病倒的人越來越多，逐漸調到病號隊去了。有些人病後還來不及調走就死在工棚。那淒慘的情景至今還在我腦海中縈回。

39公里

　　春去夏來，下過幾場雨之後，山腳下小溪中的水流量增大，溪旁也生出了許多不知名的野花和野草。犯人在溪流中挖了好幾個深坑，積蓄溪水，用以洗衣、擦身、洗腳，每人都感到無比舒適。溪水清冽可飲，也解除了長期口渴得不到暢飲的苦惱。

　　此時「55公里」的工程已接近尾聲。由於犯人的駐地是在山坡的一塊平地上，原定要在此建車站，所以大部犯人須騰出駐地轉移到新工地，剩下的掃尾任務留給一小部分犯人去完成。

　　這新工地離包頭三十九公里，那地段荒無人煙，也是沒有名稱，於是也以「39公里」當作該地段的地名。犯人住所仍是A字工棚，設在一片平地上。我們到時幹線路基已填好，我們要進行的任務是填一條約二公里長的岔道的路基。這裡與「55公里」相反，完全是土方工程，一點石方也沒有，可是勞動強度反而大。原因是路基高出地面，挑土時需要爬坡，挑擔子上坡是最吃力的勞動。我初到時還好，日子一久，難以支持。

　　在這一工段時，我結識了一個犯人，叫徐東海，他與我是

同一中隊不同小組。解放前他在上海一家銀行中任職。由於我們以往都是住在上海市，有如同鄉。在收工後碰見時，彼此常談些上海市的景物風情。他年令比我略小，體格很魁梧，吃甲等飯。後來有人檢舉，打小報告給隊部說他勞動不賣力，裝筐裝得少，挑擔跑得慢，中隊長於是把他降為吃乙等飯。他個頭大，飯量也大，吃乙等飯實在餓得不行，懇求中隊長恢復他吃甲等飯，並向中隊長保證一定努力勞動。中隊長對他說：

「這就要看你的表現，如果表現好，就可考慮恢復吃甲等飯。」

他聽了很高興，於是拼命地幹，見到我時也樂呵呵地對我說：

「我恢復吃甲等飯已經有希望了。」

他的工地離我的工地不遠，平時在工地上勞動時彼此可以看得見的。可是不久以後我接連兩、三天沒有看見他，一問他小組中別的犯人才知道他已死了。我大吃一驚，幾天前他還好好的，挑擔跑得很快，怎麼一下子死了，我想可能是遇到了意外事故。

收工後我便去醫務所問犯人醫生，他告訴我徐東海由於勞動過度，在工地上心臟病發作抬到工棚便死了。

我聽了很難過，茫然若失。他這人善良直爽，也是知識分子，是我在勞改隊中能談得來的少數幾人之一，他死了我便少了一個難友。繼而一想，像他那樣高大的個頭，吃那麼一點點糧食，與其經常在飢餓中煎熬，倒不如一死，而且因心臟病暴

死，還是死得爽快的。如果因身體日虧，抵抗力日差，引起其他疾病，又得不到適當的醫療而拖死，苦頭恐怕要大得多。徐東海的死使我十分悲哀，同時想到，在這樣的處境下，我自己的結局還不知是怎麼樣。

在這裡填路基是從路基兩側各五十公尺以外的土地上取土，取土時從地面下挖至二公尺深，然後向外擴展。土是乾土帶沙質，鬆軟好挖。只是土裡小樹根很多，挖時較為費事。按路基質量要求，這些挖出的小樹根必須撿出，不能摻在土中填入路基。因此取土坑中滿地是撿出丟掉的小樹根，粗的如手指，細的如筷子。起先大家不知道是什麼樹的根，也沒有人在意。有一天犯人中有人發覺這些小樹根是中草藥甘草，味甜可吃，一下傳開了，很多人拿來嚼著吃，有人拿來泡水喝，幾乎人人都收藏了一些，在晚間學習時吃。我也不例外，收集了一些洗淨切斷，隨時含上一段，好似吃水果糖。犯人除三餐外實在沒有東西可吃。三餐也吃不飽，因此吃這帶甜香味的甘草覺得很有味。

不幸的事約一星期後發生了，有人臉部腫脹，有人四肢腫脹，有人生殖器腫脹。我吃得較少，只是手指和腳趾腫脹，可是也很不好受。事情發生後，據犯人醫生講，甘草須焙烤後才能入藥服用，吃新鮮甘草就會犯腫脹的毛病。於是隊部乘犯人出工的時候把工棚內大家收藏的甘草全部搜去，並和附近市鎮上的中草藥行聯繫，派卡車來把工地上遍地的甘草根一掃而光全部運走了，並下令不許再吃甘草。對於腫脹，隊長指導員們

認為是犯人自作自受，不予治療。事實上這也並不是重病，不吃甘草後幾天便好了。這一插曲本是無關緊要的事，只是說明犯人饑不擇食的可悲景況和糧食定量賦予勞改犯人苦難的深重。

來到「39公里」幾個月後，有一天忽然調來了一批新犯人。以往在工程進行中途調進犯人是從未有過的事。原因是住所、糧食、飲水、燃料等等都要超出預算。好在這次調來的人數不多，便分散安插在各中隊各小組中。我的小組中調進了一人，據他說是從蘇北農場調來的。我一聽便引起了注意，據他說上年夏季蘇北農場遭到颱風襲擊，海潮淹沒了農場，棉田、水渠、房屋和一切設備全部被毀。於是當局把犯人陸續調走，其中一部分便調來「39公里」。他既是來自蘇北農場，當然知道以前發生的反革命暴亂一案，於是我便與他交談。我問他：

「大前年蘇北農場發生的暴動集團一案結案了沒有？」

「你們調走後約半年就結案了。」

「結果怎樣？」

「鎮壓了七八人，判刑的就多了，記不清了。」

「有一個姓費的是鎮壓了還是判刑？」

「姓費的，是不是一個大學生，小個子？」

「對，就是他，他是我的老鄉。」

「聽說他是首要分子，當然是被鎮壓了，宣佈名單時有他在內。」他說。

這情況早在我意料之中，他如不被鎮壓那倒是出我意料之外。當局在處理這類性質的案件時決不會心慈手軟，否則在

鎮反肅反中也不至於殺死那麼多的人，造成那麼多的冤假錯案了。費某可能也料到自己必死無疑，不相信「爭取寬大處理」那一套，從而不誣陷無辜，不拖人下水，否則我有可能被牽連進去，那就有口難辯無從解脫了。為這事我背過很久的思想包袱，現在知道此案已結，我的顧慮可徹底消除，感到十分鬆快。

同時另一感想又襲入我腦海中，處在這樣的政治環境中，不安全感，也可說是恐怖感，無時無刻都在困擾著所有人，只有領導階層或政治投機分子可能是例外。即使是膽小怕事、非常謹慎小心的人也難免有禍從天降的厄運。說「錯」一句話，寫「錯」一封信，交「錯」一個朋友，都可導致入獄甚至喪命。這所謂暴動集團一案的結案，雖消除了我被捲入的顧慮，可是鎮壓了那麼多人，又使我心情沉重。對於費某被處死，我難過了好長一段時間，也使我感到作為一個在中共政權下的政治犯的處境是太可怕了。

吊人溝

「39公里」的工程比較簡單，量也不大，進行了幾個月便完成了。隨後我們這批犯人被調到包蘭鐵路離包頭約一百多公里處的「西山咀」。去時一段較長的路是乘卡車的，一段較短的路約五十公里是步行的，不過行李還是由卡車運送。早上天一亮就出發，步行到中午休息一小時並吃午飯，下午又開始步行到下午五時左右到達目的地，幾乎步行了一整天。犯人們大多數穿著破鞋，不少人腳上磨出了血泡，我也是其中之一。

到達之後，重新編隊，分配工棚，這是每次調動後的例行公事。我編入的小組中有幾個蒙族人，年齡都在中年，其中一人的鋪位緊挨著我的鋪位。那人很健壯，沒有文化，其髒無比，貼身穿著羊皮襖和羊皮褲，沒有內衣褲，顏色已變成灰黑色，而且很硬，由於汗漬膻臭不堪。睡覺時我因怕聞臭味只好背向著他睡，很不舒服。他雖是個大老粗，卻很通情達理，並不蠻橫，而且性格直爽，普通話也說得流利。我與他交談中常問他關於蒙族人的風俗人情，有些是我從未聽說的新鮮事，使我增長了不少見識。這些蒙族人體力很好，但很任性。從他們的談話中透露出對政府對共產黨的不滿情緒，有時還大聲地發

牢騷。這些話好像並沒有傳到隊部，沒有引起是非。也可能因為當地屬內蒙古自治區，幹部們對蒙族犯人另眼相看。

西山咀是包頭銀川之間好像是叫大青山的一條大山溝的出入口處。那山溝名為吊人溝，蜿蜒曲折，峭壁對峙，草深林茂，巨石如獸。溝底激流在亂石中穿行，並匯成無數清潭。兩旁有多種不知名的野花，其中有一種形如宮燈，精巧絕倫。這條山溝風景優美，遠勝杭州的九溪十八澗和北京香山的櫻桃溝。可地處荒漠，人煙稀少，不能成為出名的旅遊勝地。我們這批勞改犯在苦難深重之中，也沒有那份閒情逸致去欣賞這大好美景。據說這吊人溝縱深達百餘公里，岔道很多，有多處出入口，歷來是土匪隱藏出沒之處，官兵難以追剿。「吊人」二字是當地土話害人之意，因此名之為吊人溝。

我們在此地的勞動任務與以往不同，不是填路基或其他基建工程，而是把山溝中無數的小石塊收集起來用鋼錘打成直徑五公分左右的道渣，作為鋪鐵軌枕木墊底之用。以前多用腿力勞動，現在轉變為多用臂力，相比之下，體力消耗略為減少。但是由於隊部強制要完成定額，體力較差的人不得不自動延長勞動時間。我的體力屬中等，完成定額還不太困難，可是稍一鬆懈也不能按時完成，不得不加班加點。隊部制定定額照例是寧高勿低，務使犯人盡力而為，不遺餘力，這還恐不夠，還經常舉行勞動競賽，掀起挑應戰。按幹部們的話說，「勞動就得像勞動的樣子，不能死氣沉沉，必須生氣勃勃，熱火朝天。」這種場面是以榨取勞改犯的體力為代價的。我作為小組的學習

組長，不得不起帶頭作用來響應政府的號召，但心中充滿了矛盾和苦悶。

初到此地時是春末夏初，過了一個多月進入盛夏。當地是沙質平原，烈日照耀下反射強烈，中午時分熱不可當，穿著膠底鞋走在沙土地上感到燙腳。幸虧我們是在山溝中勞動，上有懸崖密林，下有流泉芳草，非但不熱，還感清涼，遇陰天或颳風還感到有些冷。犯人們大多只有單衣褲和棉衣褲，沒有其他衣著。即在夏天出工時也總是帶著棉衣，在敲打石塊時把棉衣作坐墊，否則一整天坐在石頭或小板凳上屁股要痛。這樣的勞動情況除吃不飽外比以前任何時期都好，每天不至於極度疲勞。

可是，好景不長，一場災難又從天降，全大隊發生了流感，據說是全球性的。在社會上這種病並不可怕，因為有藥，能得到適當的治療。但在勞改隊中得了這種病卻是很大的威脅。犯醫既少，藥品又缺，患者得不到應有的治療，只有硬挺。如獲得病假已是天大的隆恩。我小組開始時有兩三人得病，因為無法隔離，容易傳染，到一星期後增至六七人，不幾天又增至十餘人，超過小組人數之半。這時我也被傳染，並且發展成副傷寒，每次高燒入昏迷狀態。犯醫也給了一些藥吃，可是沒有起色。給什麼藥也不得而知，打聽是什麼藥是犯忌的，犯醫也決不會告訴你，其中奧妙鮮為人知。我昏睡了不知多少天，也是命不該絕，漸漸地燒退清醒，又過了幾天體溫恢復正常，一場本可致命的病就算挺了過去。病後身體衰弱，骨

瘦如柴，頭髮脫落了很多。我雖體力不濟，可是體力勞動是勞改犯的基本任務，決不允許避免。於是我不得不在病後再次投入力所不能及的繁重勞動。我這場病因好得較快，沒有被送到病號隊。可是那次流感發生後，有不少犯人因病情較重送去病號隊，從此未見他們回來，也從此沒有他們的消息。

西山咀打石塊作道渣的任務在春節前幾天完成了。犯人們不再出工，只是在住地範圍內打掃衛生，做過春節的準備。此時隊部宣佈：

「春節一過，在此的犯人就要調動。一部分原來戶口在西部地區的犯人要調到離此地不遠的西山農場。一部分原來戶口在東部地區的犯人要調到內蒙的保安沼農場。以後你們將從工業轉到農業。到了農場所有主副食如糧食、蔬菜和肉類都是自給自足，你們就不愁吃不飽了。乘這幾天休息，個人把自己的衣著整理一下，該洗的洗，該補就補，過不了幾天就要出發。」

對犯人來講，能吃飽是最好的消息，但對政府工作人員的話不很相信。因此也感覺不到有多大高興。譬如在調來西部之前幹部們也曾說過：「西部地區盛產牛羊肉，蔬菜卻想吃也恐怕吃不到了。」當時犯人們的副食全是蔬菜，吃不到肉類，體內缺乏脂肪，對肉類嚮往已久。聽到西部有牛羊肉吃，十分高興。可是到了西部，非但牛羊肉沒有吃到，連蔬菜也幾乎吃不上。但不管怎樣，能有調動總是好的。猜想情況總不至於比當

時當地更糟，總會好些吧。再說反正犯人任憑擺佈，沒有自己
選擇的可能。

第七章　內蒙保安沼農場

修旱壩

　　春節期間前後有五天休息，一則因任務告一段落，二則因適逢春節。我自投入勞改以來難得有這麼多天的休息，長時期艱苦勞動，一下子休息多天，反而全身感到酸軟，但很舒服。那幾天天氣晴朗，陽光和煦。臨近沙漠地區，只要天晴無風，白天氣溫上升得很快。犯人們在大院中或縫補衣服，或下棋看書，或集攏談天，一片平靜安逸景象，以往可悲可怖、不堪忍受、不可思議的遭遇忘得乾乾淨淨，這是在漫長的勞改生活中難得的暫時安樂。幾天的休假一晃就過了，隊部一聲令下準備出發，從此犯人們又重新陷入苦難之中。

　　上年春，我們來到西山咀時鐵路路基已填好，只因沒有道渣未鋪設鐵軌。春節過後我們離去時，鐵軌已由包頭鋪到包蘭線中點銀川附近。因此我們這批調往內蒙保安沼農場的犯人便在西山咀南面不遠的小車站上火車，所乘仍舊是鐵皮貨車廂，不過比以前幾次稍微寬鬆，每人可有容納身體的鋪位，這對犯人來講可算是一種享受。登車前每人發給加了鹽的窩頭作為一路的口糧，在飢餓中也是美味。在行車途中克制著不敢多吃，唯恐只顧一時吃得痛快，把口糧提早吃完了以後沒有吃的而

挨餓。

　　所乘這列車是慢車，須在其他各車次的空隙間穿行，停的次數多，停的時間長，是特別慢的專列。在停車時每天供應兩次開水，倒一次馬桶。每人各自帶了糧食，不需開飯，省掉很多麻煩，這恐怕是幹部從多次押送犯人中得來的好經驗、好辦法。

　　就這樣度過了一天兩夜，車廂內氣溫逐漸降低，據說已經過了北京和天津出了山海關。自山海關到我們的目的地內蒙和黑龍江省交界處的保安沼農場還有幾百公里。由於火車自天津過後便從向東行駛轉為向北行駛，緯度漸高，氣溫漸低，所乘的鐵皮貨車廂散熱極快，不能保溫，車廂內冷不可當。當夜蜷縮在車廂內，次日凌晨到達黑龍江省泰來縣的平洋鎮下車。

　　當時天已微明，太陽還未出來，是一天中最冷的時刻。下車步行約一公里在一所學校內吃早飯，是小米稀飯加鹹菜。我的手已凍僵，碗都拿不穩，筷子更拿不住，只是趁熱喝了一碗稀飯。從關內來的人初次領教到高寒地帶低氣溫的威力。

　　飯後犯人們便步行去保安沼農場第二大隊，那裡便是安插我們這批犯人的地方，離平洋鎮約二十公里，步行須四個小時。我們的行李有農場派來的大車運送，人是步行，但年齡大和有病的人可坐在大車兩邊車杆上。接近中午到達了目的地。所謂農場實際上是個大監獄，各大隊是農場所屬的勞改單位。當時已在那裡的勞改犯都在搞基建，如修路、建房、平整土地、開水渠等等，為農業生產打基礎，實際上什麼農作物都還

沒有開始種。在西部啟程前幹部所謂主副食品豐富，自給有餘，不會再挨餓等等不知要等到何年何月，這願望的實現須在遙遠的將來。

來到保安沼農場的第二大隊後，隊部即對犯人進行分配住房。那是一排排朝南的土坯平房，整齊地排列在大院子中，大院四周有方形圍牆，圍牆四角有崗亭，由武裝人員站崗。所有平房都是一式一樣，每一排平房共有八間，分兩個通道進。每兩間住一個小組。每間分南北炕。每炕住六人。共計二十四人。大院中約有二十多排平房，分成四列。其中除住犯人外，其餘是大伙房、倉庫、辦公室、醫務室等。

我們到達時已有一部分犯人住在裡面。當天打掃衛生、糊門窗、運草燒炕等搞了一下午雜活。

晚上隊部即下達勞動任務；打凍方開水渠。因為我們在此是臨時性的，所以沒有重新編隊，即按原編制不動。勞動地點離隊部較遠，所以第二天一早出發前除領工具外每人還帶上乾糧作午飯。去工地的路上有武裝人員押隊，工地四周有武裝人員放哨。中午時分每人拿出用毛巾包好的窩頭當午飯。我仍是吃乙等飯，三個鵝蛋大的玉米窩頭，只是乾啃，沒有水喝。雖然口渴，卻有好處，可以減少小便。因為在嚴寒朔風中脫了手套解褲子是件苦事，凍僵了的手解扣子和扣扣子都很困難。

在這高寒地帶的冬季，沒有寒流、風不很大時犯人還能頂得住，一遇寒流就難以抵擋。尤其是犯人們吃不飽，個個骨瘦如柴，抗寒力極差，不久便有不少人支持不住病倒。醫務所開

病假條很嚴而隊部批假更嚴。我也因受寒感冒，頭痛發燒，但不給假，只好帶病出工，熬到收工拖著沉重的腳步走回大隊。我懷疑一個人在這樣的高壓和磨難下，時間一久，是否會把銳氣磨盡，成為逆來順受沒有半點反抗性的可憐蟲，甚至被折磨至死。但自忖我還不至於落到這樣可悲的境地，我有可能活到重見天日、重放光明的一天。這信念支持我頑強地活下去。

保安沼農場位於黑龍江省齊齊哈爾市之南約五十公里處，是黑龍江省江橋縣與內蒙紮齎特旗交界點，屬亞寒帶，冬季漫長。從三月中旬到四月中旬的一個月內，每天早晚上凍，中午前後開凍，氣溫在攝氏零度上下徘徊，要到四月下旬才不上凍。五月中旬樹木花草才開始抽芽，河邊的枝頭漸漸出現嫩綠。正在這大地回春之初，勞改犯又開始調動。

這次的任務是去修旱壩。我在毫無思想準備下匆匆打起行李，肩背手提地隨眾步行到緊靠旱壩的新駐地：邢家中隊。犯人住所是很多的小型草棚，分佈在旱壩北坡，都是我們到達前臨時搭起來的。因為沒有窗戶，裡面黑洞洞，地上很潮濕，發出一股霉味。我們一到便四處收集枯草鋪地，安放行李，攤開被褥，就此落戶。

到達後第二天便開始修壩。所謂壩是以前勞改犯修建的防嫩江支流綽爾河氾濫的堤。高約三公尺，底寬約五公尺，面寬約兩公尺。由於高和寬都不夠，上年綽爾河秋汛期間河水漲過壩頂，且把壩沖出幾個缺口，洪水流進壩內，淹沒了農場大片土地，許多莊稼被毀，於是當局擬訂了修壩計劃。我們的任務

是把這個壩加寬加高，修補缺口，總的土方量要比原來的多一倍以上。

施工規則規定取土須在壩裡壩外五十公尺以外，往壩上填土時須填一層打一層夯。由於運距既遠又須爬坡，工程十分艱巨，尤其是填缺口更不好幹。因為缺口處被激流沖成深坑，坑內積水，必須先把積水排乾後才能填土。

土方因此增加了幾倍，取土也取得更遠，勞動強度極大。勞改犯久經糧食定量的煎熬，體弱力薄，對於超出體力的高定額無力完成。於是隊部下令延長勞動時間，早晨天未亮就起身，在昏暗的黎明中吃飯後即出工，晚上要幹到日落才收工。在這種情況下吃丙等和乙等飯的老弱陸續死亡或調到病號隊，每個小組的人數逐漸減少。我小組原有十多人，後來剩下不到十人。以前吃甲等飯的人多吃的糧食是從吃乙、丙等飯的人的口糧中勻出來的，現在吃乙等和丙等飯的人減少了，可勻出的口糧相應減少。於是剩下的人不得不吃得更少。雖然甲等飯仍然是四個窩頭，乙等飯仍然是三個，但個頭越來越小，這對勞改犯的威脅就更大。

時入夏令，工地一帶和工棚附近野草叢生。據認識野菜的人說，其中有野莧菜和灰菜可以吃。於是勞改犯在中午或收工後到處去挖野菜，用臉盆煮來吃。好在那裡到處有枯枝乾草，用之不竭。我因吃不飽也挖野菜來煮了吃，略帶苦澀味，但還鮮嫩。小組中有人去大伙房偷了些鹽加在煮好的野菜中便成美味。有人在取土時挖到一種塊莖，形似小蘿蔔。吃過的人說，

略帶甜味，很脆嫩。但多吃了腹痛吐嘔，還有一人死了。後來聽說這東西叫「狼毒」，有劇毒。還有一種叫「走馬芹」，生在水邊，形狀和芹菜一樣，只是葉尖帶紅色，氣味也如芹菜，只是氣味特別濃，也有毒，吃壞過人。我挖了聞了聞，覺得有些噁心，沒有吃。隊部對勞改犯吃野菜不聞不問，因為他們也明知勞改犯吃不飽，所以只當不知。於是吃野菜一時成風。好在野菜大片生長，到處都是，挖不完，只是越挖越遠而已。

在當時緊張的勞動中，每天收工已近黃昏，晚飯後還要學習，大家累得坐都坐不住。有一天收工後大隊召集開會，是因為工程進度慢，督促犯人加緊勞動，務必在汛期前完工。大會開完後已很晚，中隊還要求各小組討論，個人表態，作出保證，進行挑應戰等等，以至過了熄燈時間很久，隊部還不通知就寢。大家疲倦之極，連話都不願講。我也是困得連眼皮也睜不開，實在無法再做各人的發言記錄，支撐不住便不等隊部下指示，自作主張叫小組的人攤鋪睡覺。大家求之不得都匆匆地睡了，唯有勞動組長一人仍不睡，一言不發地坐著。我以為他在思考什麼事，也不去管他，自顧自地睡下，倒頭便入夢鄉。哪知第二天晚上事情就來了，隊部通知我去。

「昨晚你們小組什麼時候睡的？」指導員問我。

我一聽知道事情不妙，准是有人向隊部打了小報告。事已發生怎麼辦？只好等著瞧吧。

「很晚了，已經過了熄燈時間了。」我答道。

「討論好了沒有？保證書、挑應戰書都做出了沒有？隊部

有沒有通知結束學習？」

「討論是討論好了，保證書和挑應戰還沒來得及做完。」

「有人檢舉說別的小組都還在學習，熱烈發言討論，你們小組卻未等隊部通知，就由你發號施令叫小組睡了。有沒有這回事？」

「我看大家太疲勞了，便叫大家早些睡，早起好幹活。」我無可奈何地回答，避免正面回答他的提問。

「太疲勞了？就你們小組疲勞，別的小組不疲勞？你強調疲勞，不遵守學習制度，身為學習組長，不等隊部通知便擅自帶頭先睡，還叫大家也睡，你犯監規錯誤，叫大家跟著你也犯錯誤。這是什麼改造態度？以前有人彙報過，說你對學習抓得不緊，學習時疲疲遢遢，我不相信，現在證明確是如此。你思想落後，不想爭取進步，你小組中自有想爭取想進步的人。你的一舉一動都有人不斷地向隊部彙報。今後我另找人當學習組長，不要你當了。回去寫一份檢討書來，寫得不好，認識不夠，還要處分你。」

我無話可說，怏怏地走回小組。指導員所說有人不斷地彙報我，對此我深信不疑。我對革去學習組長毫不在意，不當學習組長可少與幹部們打交道更求之不得。他們那一套令人生厭的教條，幼稚可笑的訓話，實在使我噁心。可是事情恐怕不會就這樣簡單地了結，麻煩可能隨之而來，因此心中惴惴不安。

過了兩天，在晚間學習的時候，指導員來到小組，宣佈了我所犯的錯誤，革去我學習組長，並另指定一人接替我。不久

以後，大約不出一星期，果然不出我所料，問題來了。有人向隊部彙報，說我勞動鬆懈，不賣力；勞動時大小便次數多，借此磨洋工，逃避勞動；挑擔子跑得慢，裝筐裝得淺等等。隊長叫我去談話時先把別人的彙報讀給我聽，然後問我有沒有這種情況。我當即否認並說：

「我本來就是乙等勞動力，不能與甲等勞動力比，在勞動中我實在已盡到了自己的力量。」

「你說你已盡到力量，為什麼有人彙報你不彙報別人？你詭辯沒有用，要拿實際行動來證明。今後我就看你的具體表現，你如不好好幹，就把你降吃丙等飯，否則別人也會有意見。」

隊長說到此便叫我回去，這次沒有叫我寫檢討，事實上也沒有什麼好寫的。從隊部出來走回小組，心中老大不悅。真是禍不單行，先是說我學習不好，繼而說我勞動不行。在勞改隊中肉體上既受盡苦楚，精神上又受折磨，這種生活實在難以忍受。尤其是對降吃丙等飯真有顧慮，更確切地說是恐怖。大多數過去吃丙等飯的人是怎樣的下場我知道得清楚，簡直可說是走向死亡的道路。在這樣的高壓和威脅下，我不敢不賣命地幹，表現出我不是偷懶耍滑，而是盡力而為，以希冀度過這一難關。幸而以後隊部沒有再來找我，降我吃丙等飯的事並沒有實行，也沒有再提此事，這一危機總算挨了過去。

新大隊長

　　修壩工程進行了兩個來月，時令進入盛夏，離淖爾河汛期已近。幹部們無止無休地督促，勞改犯沒命地苦幹。這樣還嫌不夠，還說勞改犯不賣力，工效不高。據說原來的大隊長由於思想落後，立場不堅定，督工不力，掌握失當被撤職調走了，隨後即調來了新大隊長。

　　有一天收工後吃過晚飯已經天黑，大隊召集開會，新大隊長來作報告和講話。大會是在壩邊一片雜草地上開的，用木頭搭起了一個台，用好多盞馬燈照明。四周黑暗中閃爍著手電筒的光，那是武裝人員在警戒。新大隊長講話的大意是說勞改犯勞動不緊張、工效低，汛期快到，修壩工程必須在洪水來到之前完成，以後要開評比會、獎懲會，對表現好的要獎勵，對表現不好的要處分等等。他講話聲音之大達到聲嘶力竭的程度，把擴音器震得直顫動。同時還指手畫腳，搖頭晃腦，如同瘋子一般。所講盡是陳詞濫調，但充滿了威脅和恫嚇，威風凜凜，殺氣騰騰。他那形象在馬燈昏暗的燈光中真像一個魔鬼。他一直講了很久很久，直到深夜。連篇廢話講個沒完沒了，無非是一種自我表現。其間我已困得睜不開眼，間歇地打瞌睡，想到

明天天未大亮就要起身去勞動，心裡真不是滋味。

　　第二天那大隊長來到工地，手裡拿了一根棍子，後面跟著幾個幹部，各處巡視，見到有勞改犯挑擔子跑得慢些便大聲辱罵，並用棍子抽打。在取土坑中見到裝上土的籮筐，便嫌裝得不夠滿，自己動手用鐵鍬死命地往上加土，拍實了再加土，直到高出籮筐邊沿二十來公分實在加不上了為止，並令裝筐的犯人照樣把所有的籮筐都裝得同樣滿。照這樣滿的一擔土至少在六十公斤以上，一般體力的人是挑不動的。有個別年輕力壯的人試著挑，也是挑不多遠便要歇擔，有人還把扁擔挑斷。那大隊長還嫌勞改犯不賣力，在壩頂上又說打夯打得慢，督促加快速度。他走到哪裡便罵到哪裡。挑擔的見到他便躲開，整個工地有他一到就引起騷動。

　　此後他又來工地多次，每次必找碴興風，隨意罵人打人，可憐的勞改犯都怕他，背地裡稱他為「瘋子隊長」。他是否真正神經不正常，或患虐待狂？其實不是，即便他打人也並未過重，並未打壞過人，那種囂張行徑是裝出來的。由於他的前任是因督工不力而被撤職調走的，他上任後不得不加緊督促，從嚴從酷奴役勞改犯，務求工效有所上升以顯示他的積極和負責，否則便會重蹈前任的覆轍。

　　說到這大隊長使我聯想起以前在蘇北農場種棉花時的一個中隊長。他為人通情達理，對犯人很照顧，從不苛求，是勞改幹部中少有的。勞改犯中個別不識時務的蠢貨為了表示對他的好感，給他取了一個綽號叫做「菩薩隊長」。由於勞改犯們

對他有好感，這綽號便在勞改隊中傳開了。可是出乎意料，隔了一段時間之後，他忽然改變常態，對犯人特別嚴格起來，有時竟達到蠻橫的程度，甚至連病假也不批准，強迫病號出工。大家對他這一百八十度的轉變，感到非常驚訝，莫明其妙。不久以後從大隊部的通訊員處瞭解到事實真相，原來是由於「菩薩隊長」這綽號傳到了大隊部，再傳到了指揮部。上級追究這綽號的起因，於是那中隊長受到了嚴厲的批評，說他立場不堅定，庇護犯人。他一方面為了表示糾正「錯誤」，一方面由於犯人起了綽號害了他，為對犯人報復於是突變常態，從一個極端走向另一極端，出乎常情地虐待犯人。在這種情況下犯人們對他倒無從抱怨，只好責怪取這綽號的犯人沒有頭腦，淺薄無聊，害了那中隊長，也害了大家。

汛期

　　東北地區的夏季，很熱的日子不多，最熱時白天也不過攝氏三十度左右，夜裡只有十幾度，睡覺時還要蓋被子。在那裡見不到扇子和涼席這種東西。氣候不很熱對犯人來說卻有好處，勞動時流汗不多，體力消耗較少。修壩的任務按原定計劃須在汛期以前完成。那洪水一方面來自綽爾河上游興安嶺地帶的冰雪融化的雪水，一方面來自雨季的大雨或暴雨，兩者匯合成巨流溢出河床，造成氾濫。

　　時至八月上旬，汛期已到。有一天中午，防汛指揮部的人員趕到工地說，上流有電話打來，通知勞改隊洪水當天要到達當地。我向壩外和上游觀望，當時烈日當頭，晴空萬里，視野很遠，可是一點洪水的影子也看不到。過了約兩小時，有人大喊：「洪水來啦。」我向上游一望，起初什麼也沒有看見，仔細一看只見遠處有一線白光沿著地平線在閃爍。不久那白光漸漸移動過來，愈來愈近，才看出原來是洪水前沿的浪花，在太陽照耀下反射出白光。那洪水並不像我想像中那樣萬馬奔騰，氣勢磅礴，只不過是高出壩外地面不到半公尺的水流由西向東推進。小樹土墩仍露出在水面，而且水流動得並不很快，聲息

全無，毫不驚人。可是由於洪水已溢出河床，高出地面，面積極廣，流量當然可觀。

就在當天下午大隊下達命令：

「由於工程進度沒有達到規定的指標，現在洪水已到還未完工，為了緊急搶險，所有犯人立即分為兩班，集中在旱壩的薄弱環節日夜開工。」

所謂薄弱環節是指壩頂高度不夠、壩身寬度不夠、壩腳有塌陷之處以及上年被水衝開的缺口地段。當天分班時我分在早班，即從早晨六時到下午六時。分完班已近傍晚。於是編在早班的犯人即收工回去，編在晚班的犯人留下繼續開工，時間是從晚上六時到次日晨六時。

第二天我一早出工到壩上一看，嚇了一跳。壩外的洪水已漲到接近壩頂，壩外一片汪洋，除少數大樹還露出一些樹梢外，其他全被淹沒，什麼也看不到。一夜之間，壩外的景象大變。

當時我被分配在一段壩腳塌陷地段。先是把土倒在壩外側的壩腳處，但因水流較急，泥土一倒下去即被水沖走，存積不住，不起作用。於是運來大批草袋，把附近割來的樹枝雜草摻入土中，然後裝入草袋推到壩腳，這就不致再被水沖走。這樣幹了兩天兩夜，沿壩外側的許多坑總算填滿，裝了土的草袋露出水面。可是不幸下起暴雨，水位又繼續上漲，離壩頂只有半公尺，情況緊急。當天隊部下令不論早班晚班全部投入搶險，並從其他地方調來犯人協助，一時無數人頭在暴雨中攢動。

　　東北地區的夏夜本來就不熱，一下暴雨氣溫更低。犯人們渾身濕透，凍得發抖。我從小耐寒，至此也覺難忍，只有加油地幹才能抗得住。當時天空烏黑一片，閃電和雷聲連接不斷，只有壩頂少數馬燈照明，工地上一片混亂。工地外圍有武裝人員巡邏，手電筒忽明忽暗，壩內昏黑如漆，再加雜樹叢生，我想到當時如要逃跑正是好機會。但逃了出去何處棲身？再加饑寒交迫，渾身乏力，連走路都勉強，倒了下來恐怕只有餓死凍死。在當時情況下即使逃了出去，也難以活命，在極度衰弱中勇氣是鼓不起來的。

　　當夜犯人們在暴雨中為抗洪奮戰了一整夜，破曉時雨停雲散，東方發白，紅日漸漸升起，水位開始下降。據上游傳來消息，洪峰已過，情況轉緩。大家一夜沒有進食，沒有喝水，已餓極渴極。不多時窩頭和開水送到，由於任務緊急，情況特殊，隊部破例開恩，沒有按定量分飯。犯人們此時既吃到了東西喝到了水，又得到了暫時的休息，而且又遇大晴天，陽光和煦，天氣轉暖，與昨夜相比，恍如隔世。

　　飯後繼續開工，到中午時分，水位下降了約一公尺，對旱壩的威脅已消除，情況已轉危為安。我們早班的犯人已連續幹了三十多小時，奉命收工。事後有不少人病倒了，我總算倖免。我小組中有一犯人，在這次搶險以前就生了病，隊部不給假，說他是怕苦怕累，在這緊急關頭裝病，要逃避勞動，於是強制他出工。經幾天搶險後收工回來，他的病情加重，夜裡不斷地呻吟，鬧得旁人睡眠不安。次日一清早別人都起來了，他

仍睡著不動。小組長去叫他起來，他不做聲。推他也不動，一摸他胸口心臟已停止跳動，死了。他的死是勞改犯結局的一個典型，我自己很可能也落到這種下場，不免悲傷。

洪水氾濫的險情過去了，夜班也不開了，勞動和生活恢復正常。又過了幾天，壩外的水全部退入河床，壩腳也露了出來，只是已被洪水沖刷得坑坑窪窪，面目全非。

除留下一部分人修整壩基外，其餘大部分犯人轉入一項新任務，即修整農田。那時農場當局已調來了若干輛蘇聯製造的大型拖拉機叫做斯大林八十號來開墾生荒地，闢為水稻田。我們的任務是跟在拖拉機後面，把沒有翻轉和沒有翻平的筏片翻過來並鋪平。每一輛拖拉機配備一個小組二十人。這工作聽起來很簡單，實際幹起來很困難。因為這裡的生荒地是從未開墾過的草原，土地表層全是茅草根，密如絲瓜絡而且很堅硬，只混有少量泥土。非用磨得飛快的鋼鍬先把未翻轉或隆起不平的筏片切成短段，才能翻轉和鋪平。遇到土地不平和拖拉機拐彎處，筏片亂七八糟，工作就更困難。大家竭盡全力還是跟不上拖拉機，只有延長勞動時間才能勉強完成任務。到收工時大家累得話也不願講了，悶悶地走回住所。

到了這個階段，犯人們的健康情況進一步惡化，生病和死亡的人數不斷增加。這時中隊從已經由從事農業生產的大隊弄來了黃豆莢和葵花籽盤，這兩樣東西本來是做燃料的，隊部叫大伙房把它磨作粉末，摻在玉米麵中做成窩頭，給犯人們吃。窩頭個兒較大，吃起來略帶香味和甜味，十分可口，而且

數量增加了吃得也略飽，大家很滿意。不料吃了幾天之後大便
秘結，解不下來，不得不死命地逼才能解出，因此肛門脹破流
血。毛坑中一片鮮紅，好似殺了雞鴨。我當然也不免遭殃，不
去大便肚子脹，去大便又疼痛難熬。我有一次解出一半，另一
半塞住了肛門，不得不用手指去摳才摳了出來，那半截大便已
堅硬如石塊。肛門本來已破，經此一摳破口更大，血流不止。
有一部分人始終解不出大便，犯醫便用勺子去挖。據說有兩人
大便堵塞嚴重，動了手術才得疏通，但還未聽說有人因此病倒
或死亡。

　　由於出了這一事故，隊部指示大伙房停止把黃豆莢粉等摻
入玉米麵中做窩窩頭。

　　平整田地的工作進行約三個多月，面積已達幾千畝，已夠
春播所需的數額。當時勞改犯的編制以原來的中隊作為一個生
產單位，劃分給千畝左右田地從事農業生產。其中大多是水稻
田，間有少量的旱地種大豆、玉米和各種蔬菜，還留有幾十畝
作為果園和苗圃。我所屬的中隊傍著旱壩，有一曲小溪水穿過
境內。兩旁雜樹叢生，景色可算優美。當地的天氣到了十一月
中旬已入嚴寒季節，溪水結成堅冰，土地已上凍，拖拉機開不
動了，於是平整田地的工作停止，轉入修路和打凍方開渠道。

嚴冬

　　凍方這一名詞南方人是不大瞭解的，南方沒有凍土，所以沒有這工種。所謂打凍方是用鎬打凍土開出渠道，作水稻田排灌之用。工效以打出的凍土的立方公尺為計算單位。那時的工地離中隊較遠，步行須半小時，因此午飯在工地上做，在工地上吃。做飯的場所是空曠地上孤零零的一間茅草屋，門窗不全，用蘆蓆掩蓋，冷氣不斷透進。屋裡昏暗，看不清東西，只有用乾草生起了煮飯的火，借火光照明。伙房來此做飯的犯人幹這項工作也真苦，不過比我們這批在露天曠野中頂風勞動的犯人總還好過得多。

　　飯是用苞米碴加土豆塊煮成的稠稀飯加鹽而成。嚴寒中在戶外吃飯，只有用這種辦法才能使食物較久地保持溫度。由於主食中加了土豆，數量較多，每人可分到三小碗，一般飯量已夠吃，分等級吃飯的辦法不再實行。但還不能自由盛飯，否則還會發生混亂，仍須由小組值日人員掌握分飯。每人三小碗分過後如有剩餘即分給飯量大的人吃。

　　有一天遇寒流來襲，氣溫驟降。東北高寒地帶每遇寒流都是晴天，但那種晴天與一般晴天不同。一般晴天天空呈藍色，

太陽呈金黃色，陽光照在臉上感到有熱力。寒流時的晴天天空呈灰色，太陽呈慘白色，陽光沒有熱力，天空一片迷茫。那天一早出工時，天還沒有大亮，風聲呼嘯，冷不可當。到了工地大家不得不加勁勞動，否則便抗不住嚴寒。當地居民在三九天不出外勞動，在這種寒流中更是足不出戶。犯人們非但要出工，而且整天長時間地在曠野勞動。

那天到了中午開飯時間，我正好輪到值日，便和另一值日犯人擔任去小茅屋取飯和給小組分飯的任務。取飯用扁擔去挑，兩桶飯也不重，路也不遠。幹這項工作可戴手悶子，不致凍手。可是分飯戴了手悶子便拿不住小鉛碗和盛飯用的木括子，而且每盛了一小鉛碗後必須用木括子壓實刮平，倒出後還要刮乾淨，否則別人會認為分飯不公正，有偏向，小則提意見，大則可引起吵架。這些動作只有光手才能幹得來。平時天氣不太冷時，值日兩人輪流分飯，凍手還不嚴重。這次遇寒流，輪一次分飯雖只幾分鐘，兩手就冷得生痛以至發麻。飯後我和那另一值班的手都凍得疼痛僵硬，握不住鐵鎬，不能打凍方，只好挑運打下的凍土塊。

收工時那另一值日犯人挑空飯桶回隊，規定可先走一刻鐘，回隊為小組挑洗臉水，我隨小組一起走。他乘先回到中隊打洗臉水之便，一到宿舍打來了熱水便把雙手浸入熱水中。這下子可出毛病了，他的手指立刻變色，由白轉紫，受凍嚴重的手指由紫變黑。

據當地人講，手腳、鼻子、耳朵受凍後切忌用熱水浸捂，

這樣就要爛。最好的辦法是用雪搓，搓到皮膚由白轉紅就沒事了。我因小組十多人只有兩盆洗臉水共用，嫌太髒，尤其是小組中有一犯人有梅毒，所以我經常不與小組共用熱水，只是在室外溝中取水雪，用雪放在炕旁化成雪水來用。幸而如此，我受凍的手沒出毛病。那人的手變黑後開始潰爛，雖經敷藥治療，久不痊癒，發出惡臭，勞動已幹不來，只能幹些輕活。在春初的一次編隊中把他調走了。在勞改隊中犯人一經調散，便是生離死別，永無通音訊或重聚的可能。那人與我相處很好，可是他調走以後，關於他的一切情況我便一無所知了。據本隊的犯醫說，他的手已沒好的希望，至少要截去幾個手指。在當地的勞改隊中凍壞手腳的人常見，不足為奇。我曾見過好幾個缺手指腳趾的犯人。我的耳朵曾凍壞過，潰爛流膿，倒不很痛，只是癢得難受，忍不住要搔，非搔到流血不止癢。夜裡睡覺，我習慣側睡，耳朵貼枕頭，枕頭上滿是膿血，受了一冬天的罪。我對耳朵爛掉並不在意，因為對我沒有多大影響，不會妨礙聽覺，只是不太雅觀而已。我的耳朵春暖後漸好，但第二年冬又犯。後來東北的氣候漸漸變暖，耳朵的凍瘡也慢慢地好了。

在我初到東北時，冬天寒流很頻繁，一個接一個，冬季氣溫降到攝氏零下三十多度是經常的事。後來寒流漸少，氣溫也慢慢變暖。這可能就是氣象學家所說的大氣中二氧化碳增加，起了溫室效應的原因。這一氣候的變化給當地的勞改犯幫了大忙，減輕了不少苦難。

大躍進

　　冬去春來，天氣轉暖，時令進入備耕農忙階段。當時的中心任務是修整水稻田，在已平整的田地裡打起池埂，把大面積的田地隔為四畝左右的小塊，整個中隊共承擔近一萬畝。每小組二十人，每人約攤到三十多畝，在全國水稻種植的人均負擔中屬最高，勞改犯的負擔之重可想而知。隊部為了要使勞改犯的工效提高，多幹活，在粗劣的糧食中攪入土豆、胡蘿蔔、菜根之類，這些東西可從別的大隊調來。這樣每人可以多吃到一點東西，以往成天挨餓的苦難得以減緩。

　　1958年前後，政府大肆宣揚三面紅旗，即總路線、大躍進、人民公社。據說是毛澤東提出的方針政策，旨在提高生產早日進入共產主義社會。這三項中唯大躍進與勞改農場最有關係。勞改農場是從事農業生產的，須用大躍進的精神促使勞改犯挖盡潛力投入生產。於是當局命各大隊分別召開大躍進誓師大會。各中隊事先叫各小組寫出發言稿，擬訂保證產量的保證書以及各小組和個人的決心書、組與組、個人與個人之間的挑應戰書。我小組在商定保證產量時討論了很久，把各種有利條件和不利因素都考慮到，經過一番爭論後才把保證產量定為每

畝八百市斤。其實這已是過高，此後多年的實際生產中從未達
到此數。

到開大會那天會場佈置得很壯觀，紅旗飄揚，標語似海。
因為天熱，大會在下午收工後開始。先是大隊幹部作報告，大
意是毛主席黨中央為了加速社會主義建設，早日進入共產主義
社會，號召全國高舉三面紅旗，奮勇前進。勞改隊也不例外，
要努力提高水稻產量，責成各大隊各中隊以至各小組要定出保
證產量，有計劃地實現增產和豐收。

隨後各小組發言表態，並宣讀保證產量的保證書。先進行
宣讀的幾個組都定在一千市斤左右，其間幹部插話督促大家要
打破保守思想，大膽高攀。經此暗示，後來各小組所報數額好
像拍賣行中的報價爭購，愈報愈高，由一千多市斤報到四、五
千斤，最後報的一個小組竟報到萬斤，引起全場一陣哄笑。可
是幹部卻鄭重其事加以表揚。大會最後進行挑應戰，內容也是
荒謬之極的一派胡言。時至子夜大會才告結束。

此後不久，中隊召集開會，首先批評有些小組過於保守，
保證產量報得過低，應向報得高的小組學習。隨後傳達一項消
息，說是在毛主席倡導的大躍進的感召下，天津地區某一水稻
試驗田創了水稻高產新紀錄，畝產達二十萬市斤。大家聽了為
之愕然。我卻並不吃驚，只是竊笑，因知這是明顯的騙人，只
覺所用方式幼稚可笑而已。當時我還以為是勞改當局的無知之
輩臆造的謊言，哪知是遍及全國的官方宣傳資料，這倒是使我
大為吃驚。這件事在老一輩中記得的人不少，在青壯年中知道

的人恐怕不多了。這些消息的宣傳和流傳是千真萬確的事，當時各大報刊都登載過，真是毛澤東時代的又一奇跡，是足以傳諸後世的「佳話」。

「上訴」與複判

　　有一天晚飯後，大隊召集開會。每次大會照例必有重大的事情要發生要傳達，而且自上次開過大會以後已很久未開，這次開會大家料不出是什麼事，忐忑不安。大隊的幹部登上臨時搭起的木板講台用揚聲器高聲宣佈：

　　「政府為了體現法治精神，向你們宣佈，你們中間如有人確認對自己判刑所根據的罪行與事實不符，或認為量刑過重、判刑不公等情況，可以在一個月之內向各自的原判刑法院提出上訴。隊部負責給你們轉達，但決不允許投機取巧，乘機翻案，否則後果自己負責。有文化的人儘量自己寫，沒有文化或文化程度不高確實寫不來的人，可通過隊部批准，托別人代寫，期限為一個月，到下月今天截止，決不延長。」

　　這件事很簡單，就是允許犯人上訴，然而完全出乎我們意料之外。我們這些反革命犯在宣判時當局即聲明不發給判決書，不准上訴，現在卻來了這樣一個轉折。大會散後，大家回到工棚。一時人聲嘈雜，議論紛紛，都在談論此事，一直到熄燈後仍未停止。我為此思想上也起了波動，心想判刑時雖未發給我判決書，但在宣判時因內容很簡單，我記得很清楚。一是

收聽「美國之音」造謠，二是企圖搞反動組織，三是企圖赴港
投匪，只有這三條，別無其他。

在解放初期當局並未禁止收聽外國電台，我的親友同事中
凡有短波收音機的人家幾乎沒有不收聽「美國之音」的，一則
由於它的電波強，音量大，容易收到；二則由於它報導全世界
的新聞，內容豐實。政府並未明文禁止且又未違犯法律的事，
怎能認為犯罪？其次說我企圖搞反動組織，純屬子虛，是羅織
的罪名。再次說我企圖赴港投匪，我是有赴港的企圖，但並不
是要去台灣，而是要去美國，去紐約聯合國求職。在當時抗美
援朝戰爭的形勢下想要去美國和去台灣是同樣被人認為是極反
動的罪行，並無多大出入，在這一點上沒有申辯必要，可是這
後兩項都冠以「企圖」而判刑。想到這幾點，我如上訴，是有
充分理由的，也許會得到減刑。至於複判無罪是沒有可能的，
我也不存這種奢望，因此躍躍欲試。

第二天收工後，大院中、牆角牆邊、工棚內外，已有不少
人開始在寫。想要上訴的人絕大多數是反革命，其中沒有文化
的人很少。我獨自找了個僻靜地點正要想開始寫，忽然另一念
頭潛入我腦海中。這次政府破例開恩，允許犯人上訴，究竟是
什麼原因？這件事的來龍去脈，目的何在？都沒有交代清楚，
使人摸不清底細。貿然去上訴會不會出問題？過去由於輕信吃
過大虧，這次應慎重考慮，不可大意，於是停筆凝思，暫不動
筆。可是是否放棄這個機會，不去上訴，還未下決心。因為這
件事對蒙冤受屈的犯人來講具有巨大的引誘力。由於離上訴截

止日期還遠，暫時抱了等待觀望的態度，不必心急。

想到過去親身經歷的種種事件，使我對政府的政令、號召以及很多的作為存有戒心，其中不少是出於欺騙，引蛇出洞，使人自願上鉤。較為重大和突出的事件是上海解放之初突擊封閉證券交易所和證券號。證券交易是資本主義國家的一項經濟活動，解放前在上海極為盛行。解放後從事證券交易的人鑒於這種經濟活動與社會主義經濟不相容，大多數人已縮手不幹，證券交易一落千丈，幾乎陷於停頓狀態。然而出人意料，政府對這項經濟活動並不下令禁止，而是不聞不問，聽之任之。證券交易所和證券字號雖然門庭冷落但仍開張營業。當時上海遊資缺乏出路，人們看政府一時不會禁止證券交易，即使以後要禁止，等命令下來以後再停止不幹也不晚，於是放心大膽地又投入證券交易。證券號的資金和客戶的保證金，大多是黃金和美鈔，也愈積愈多，一時營業鼎盛，規模龐大。正當此際，有一天深夜，政府出動大批軍警，把證券交易所和全市所有的證券號全部查封，所有的證券和流動資金全部沒收，一部分經紀人中的巨頭也被扣押。這一事件知道的人不很多，因為它只發生在上海一地，而且受牽連和受影響者只限於從事證券交易活動的小圈子。當時我自己和有些熟人正在作證券交易，也受到損失，我對此事件自然有很深的印象。

另一事件是反動黨團登記。解放後一年多，政府號召全國留在大陸上的國民黨黨員、三青團團員以及其他被列為反動組織的成員，都要向公安機關進行登記，並宣傳說，登記之後可

放下思想包袱，輕鬆愉快。我在被捕前不久曾在報紙上、大街上看到很多這類佈告。可是在1951年4月27日凌晨起，全上海大批軍警特工人員突擊出動把凡登記過的人按名單搜捕入獄。這就是震驚人心的所謂「四二七大逮捕」，範圍是全國性的，上海不過是個重點。我在市公安局看守所拘留中，同監房中有一人對我說，他是國民黨員，看到報上登載的反動黨團登記的佈告後便按報上所載手續拿了證件去公安局登記，並拿到了登記證，他心中一寬，以為沒有事了，哪知現在被捕了，真不懂是怎麼回事。

此外我在稅務局工作期間，局方人員有時對公民不說實話，原因是恐怕引起公民不滿，造成工作上的困難。我曾流露了我的不同看法，認為政府工作人員應對老百姓說真話，不應欺騙老百姓，即使遭遇周折，也應另想解決辦法。哪知我因此遭到指責，先是說我思想落後，沒有立場，繼而斥我為反動，終於發展到被扣上反革命帽子而被捕。回想起來，我的遭殃雖還有其他原因，但肯定與我暴露了政府不應欺騙老百姓這不同意見有很大關係。

經過了反覆考慮，感到上訴是凶多吉少，於是決心放棄這一念頭。經過隊部批准，我代別人寫了幾分上訴書。我本人在上訴與否之間選擇了後者，當時後果還不得而知，因上訴而得到好處的可能性還不能肯定沒有。上訴截止的日期還未到，想要上訴的人都已上訴了。全大隊上訴的人共有多少，沒有宣佈。此後經過了有半年，此事杳無消息。有人耐不住了去問隊

長和指導員，都碰了釘子，不得要領。後來也沒有人再敢去問了。

又過了幾個月，有一天大隊召集開會，宣佈上訴後複判的結果。上訴的人緊張起來，會場上鴉雀無聲，大家屏息傾聽。我未上訴，無動於衷，好似隔岸觀火。大會進程中先是開場白，簡單地說上次上訴的複判，已由各地法院寄來，現在向大家公佈，隨後宣讀維持原判者的名單，加刑一年者的名單，加刑兩年者的名單，加刑兩年以上者的名單，減刑者一個也沒有。另有一人，他自己並未上訴，也加了刑，原因是他未經隊部批准，擅自代好幾人寫上訴書，據說還取報酬，因此被扣上有意助長右傾翻案風。

最後大隊首長講話，大意是：

「這次上訴的人這樣多，經過各地法院審查，大多數人是想投機取巧，無理取鬧，故意掀起翻案風。這次從寬處理，加刑很輕或維持原判。今後就要從嚴。」

講完後宣佈散會。這一下凡上訴的人大失所望，被加刑的人更是沮喪之極，可是敢怒不敢言。我也想不到這事真會不出我所料又是一個騙局，我私下慶幸沒有上訴，否則減刑無望加刑卻有可能。還有很多上訴過的人沒有宣讀到名字，原因不明，這些人不敢也不必去追問原因，此事也就不了而了。

此後不久，勞改隊中進行反右傾學習。從動員報告和學習文件中得知社會上有一批人掀起右傾翻案風。以共產黨的立場和邏輯來看這是與社會主義路線不相容的，必須加以反擊。

我從中體會到在勞改隊中，當局第一步號召犯人上訴，第二步複判加刑，這兩部的連結便形成這出鬧劇。這與毛澤東先是號召「大鳴大放」，繼而把那些響應號召者扣上右派帽子而加以清除的把戲同出一轍。當時一些知識分子由於盲目信任、盲目崇拜毛澤東，以為他開放言論自由，熱衷於進忠言而暴露了思想，於是給專政當局提供了迫害的目標。這些事實足夠說明我對共產黨當權者和專制政府不信任和存有戒心，是有根據的，並不是無謂的多疑和空洞的臆測。

很可笑的是此後我竟得到隊部的表揚，說我這個知識分子能說會寫，可是覺悟高，安分守己，不去起鬨上訴，說明能認罪服法，安心改造。後來勞改當局為了完善管教制度，實行對勞改犯年終考核。於是我歷屆的年終考核表上都注上了「認罪服法，安心改造」這項優點。至於這對我是否有利卻始終沒有看出來。

「自願留場」

　　我所屬的中隊一連幾年從事水稻生產，大部分犯人種水稻，少數人分擔菜園、苗圃、飼養、大伙房、醫務所、修繕等雜務。我是沒有技能的，這些雜務都幹不好，只有幹笨重的水稻田勞動。

　　當地正當北緯四十七度，據說是全國或竟是全球緯度最高的水稻田。因氣候冷，每年須在六月初才能下種，至秋九月中旬收割。其間任務很多，開壟、拔草、排灌、修渠、脫坯等非常緊張。為了搶時間，在收割和搬運中，全中隊壓縮其他勞動，人員全部投入。開始脫粒須在十一月中旬。那時氣溫已降到攝氏零下十來度，把脫粒場地全部澆水結冰成為冰場，然後才能進行脫粒，否則場地坑窪不平，泥土沙石將混入稻粒。脫粒時日夜分班開工，必須趕在翌年二月下旬開凍前完成。否則冰場一化，滿地泥水，工作便不能進行。所以在當地種水稻可說是與時間賽跑，與氣候比速度。

　　結果無非是犯人受罪，無時無刻不在緊張勞動中過生活。尤其是六月初春播時，凍土底層還未融化，稻田中的水接近零度，犯人須赤腳整天浸在冰冷的水中操作，雙腳凍得發紅，實

在難受。我起初不能適應，還經常因此感冒。農忙季節不批准病假，只好帶病堅持。嚴冬夜班脫粒情景更是令我難忘，那時氣溫已在攝氏零下三十度左右。勞動稍一鬆懈便凍得受不了，只有不停地幹，不停地跑動，才能頂得住。同時脫粒機的噪音徹夜不斷，震得人頭腦發脹。噴發出來的稻粒、稻芒、稻葉彌漫空氣中。在昏暗的燈光下，茫茫的夜色中，人影攢動，塵土飛揚。犯人在極度疲勞極度瞌睡中經常發生跌倒、碰撞脫粒機等工傷事故。有幾個犯人在脫粒時由於精神恍惚，手臂捲入脫粒機折斷，造成殘疾。夜班脫粒那種緊張可怕的場面，至今我回想起來猶有餘悸。

由於當地屬黑土地帶，比較肥沃，又是由生荒的沼澤開墾成稻田，泥土中養份充足，因此水稻產量很高，單季稻每畝接近三百公斤。可是犯人平時吃不到自己生產的大米，絕大部分向外供應。據說因為質量好，勝似無錫上白粳，有時竟遠銷到北京。小部分供應當地幹部和部隊。犯人一年中只有少數節日如中秋、國慶、新年和春節每人每天可配給到一斤大米，平時吃的仍是粗糧。那是場部用少量大米向附近老鄉換來的小米、玉米之類的粗糧，作為犯人的主食。犯人對此毫無怨言，經歷了多年的艱苦生活，長期挨餓，現在能吃飽已屬萬幸。由於水稻連年豐收，當局對犯人的粗糧供應放寬了尺度，犯人也心滿意足，不復存在想吃好的奢望。

時間過得很快，我們這批勞改犯原判都是在十年以上，十年以下的沒有編入勞改隊。有一些在1950年前後判刑十年的犯

人陸續服刑期滿，到了釋放的日子。哪知在這當口又發生了一椿意想不到的事，那就是刑滿的犯人必須填寫「自願留場就業申請書」，然後才能「釋放」。

所謂「釋放」，是從勞改隊的大圍牆內搬出到圍牆外不遠的土坯房去住，改稱為農工隊，仍然從事原來所幹的生產勞動。與勞改犯所不同的是不稱為犯人或罪犯，改名稱為就業農工，或簡稱農工，意即農業工人，可不受武裝人員看管，在小範圍內有行動自由。每月每人發給十多元人民幣生活費，伙食衣著自理，每日三餐在農工食堂吃飯。飯食比犯人略好，但也是粗糧。其後生活費由於物價上漲，逐漸調整到二十多元。其他如勞動、作息時間、生活紀律、學習制度等與勞改犯毫無區別，而且還扣著「四類份子」的帽子，仍由原來中隊的幹部領導和管教。名義上有探親假，實際上等於零。因為按規定，「新生」後不滿五年、社會上沒直系親屬、平時表現不好、靠攏政府不夠等項中只要沾上一項便休想准假。而且其中後兩項沒有確定的標準，伸縮性很大，全由幹部掌握，從而夠條件請假而被批准的人數極少，只占全隊人數百分之幾。按此推算即便符合條件，上述各項都不沾邊，如按人數排隊，二十年也輪不上。

自從刑滿犯人必須留場就業的規定公佈以後，有一些有老婆孩子的犯人在刑滿後不肯填「自願留場就業申請書」，向隊部哀求要回家和家人團聚，結果非但無效還受到嚴厲批評。

有一天大隊幹部來到中隊作報告，大意是：

「凡刑滿的人必須填具『自願留場就業申請書』，繼續留場從事農業生產。你們都是有前科的人，是人民的敵人、社會的渣滓，社會上容不得你們這批四類分子，即使讓你們回到社會上去也是沒有出路的。你們中間有人一心想回去，到期後不肯填留場申請書，以此來要挾政府。政府有強大的軍警和司法機構難道會被你們這幾個人嚇倒？難道泥鰍能掀得起大浪？政府一再對你們說，你們在社會上無立足之地，可你們仍堅持要回去，你們想要幹什麼？想要幹老本行，繼續犯罪？這說明你們在思想改造上沒有收穫，沒有改造好。勞改當局要為社會負責，要為你們負責，決不能輕易放你們回去，縱容你們去作惡，危害社會治安，危害人民，危害國家。我們有責任強制你們繼續改造。現在正式向大家宣佈，凡刑滿的人必須填具『自願留場就業申請書』繼續留場就業，否則一律不釋放，繼續改造。在這期間，你們要作思想鬥爭，放棄幻想。什麼時候思想搞通了，填了申請書自願留場，什麼時候就釋放。」

會後有人發牢騷說：「以前是有期，這下變為無期了。」

又有人說：「既然是強制留場，何必要用自願留場做幌子。」

此後不久，那幾個堅持不填申請書的人陸續被迫投降。他們經過考慮，深知自己的力量遠遠敵不過政府。尤其是在專政之下如果繼續頑抗，不但不能解決問題，不能達到目的，還必然會導致更壞的後果，只有就範。這就是幹部們所謂「思想搞通了」。

　　刑滿「釋放」後必須繼續留場就業的規定，對我沒有影響，因為我本來就沒有重回社會重見親友的打算。我自投入勞改以後，父母相繼在貧病交迫中去世，本人又無妻室兒女，是個無家可歸的人。雖有兄嫂姪女一家三口住在上海，但他們生活窘迫，自顧不暇。哥哥又得了精神分裂症，姪女仍在上小學，嫂子幫傭貼補家用，這樣一個家庭哪有能力來收容我這樣一個身無分文又無職業的四類份子。我的出路也只有留場就業，別無它想，因此思想倒比較安定。不過對政府明明是強迫刑滿人員留場，卻硬要做出刑滿人員自願留場的假象，深感不滿。這種無恥的欺騙行徑竟出自政府政策，實在令人難以理解。

　　我是在1951年1月底被捕的，判徒刑十二年。到1963年元旦過後，離我刑滿的日子一天天近起來，有了盼頭日子好似過得很慢，而且還有些擔心，到了期是否會發生周折，不按期「釋放」？以前曾有過好幾次這樣的事，到期不放有的是由於原判法院沒有來通知；有的是在刑期或日期上發生疑問；有的是由於加刑而沒有記入檔案。

　　我好不容易盼到1963年1月底。按慣例到了期的犯人當天一清早便會接到隊部的通知，當天就不出工，收拾行李去場部領「釋放證」和填寫「自願留場就業申請書」。可是那天一清早沒有來通知我，我仍舊隨小組出工，心中萬分懊喪，悶悶不樂。在工地上也不能安心，心想我怎麼盡碰上這樣倒楣的事，這次又不知發生了什麼周折。挨到中午收工，回到中隊，隊部

立即通知我去，我心中一喜。

到了隊部指導員對我說：「今天你刑滿釋放了。早晨我叫通訊員去通知你，他去得晚了一些，你已經出工了，工地離得遠，通訊員又有事走不開，只好等到中午你收工回來後再通知你了。飯後你就去場部領『釋放證』，再去場部指定的中隊去報到。」

早晨沒有來通知我原來如此。我對此毫不介意，只晚了半天算不了什麼，有人曾耽誤過幾個月之久。我思想上既放下了包袱，感到輕鬆愉快。指導員當時就叫我填寫「自願留場就業申請書」，我二話沒說，拿起筆來就填。那「申請書」內容很簡單，不消幾分鐘就填好了，可是我很清楚，這意味著我從此又要繼續過不知多久的苦難生活，忍受不知多少的精神折磨。

當天我從隊部出來回到小組，吃完午飯，收拾行李，打起一個背包，裝起一袋雜物，拿了隊部發給的介紹信到三公里外的「烏蘭農場」場部去領了「釋放證」，又趕到指定的一個中隊去報到。那是一個新成立的農工中隊，只有農工，沒有犯人。這與從大圍牆內搬到大圍牆外的農工隊有所不同。這裡沒有大圍牆，沒有電網崗亭，沒有武裝人員看守。看不到這一切心中無比舒暢。雖沒有獲得真正的自由，卻有已進入自由天地的感覺。而且在那裡遇見了幾個小組中先我出來的人，好似他鄉遇故知，相敘極歡。從此我結束了法律意義上的勞改，進入社會上所謂「二勞改」的農工階段，在我的經歷中揭開了新的一頁。

第八章　農工隊階段

評工分

　　剛調入農工隊時，勞動、學習、紀律制度等方面雖與勞改隊無大區別，但生活至少要好一些。每月每人發給十多元生活費，除去伙食費外，還可有幾元剩餘。不過衣著和日用品須自理。有人把多餘的錢花在煙酒吃喝上，以致弄得衣衫襤褸。我把這幾元錢完全用在購置日用品上，一點兒也不亂花。由於行動有了較大的自由，心情就比較舒暢。

　　可惜又是好景不長，煩人的事又發生了。農工隊實行了包產和工分制度，工資制度隨即取消。這種制度規定：小組的所得由各自的產值決定，各人所得由各自全年的工分多少計算，平時不發錢，只發給伙食費，每人總共能得多少需在年終結算後才知道。分值以小組全年淨收益除以小組全體人員全年的工分總數得出。各人的工分在每天晚上就寢前評定，佔用的時間即每晚的學習時間，因此學習也不學了。評分方式是自報公議。小組平均值每人每天是十分，全小組二十人共計兩百分，這是每晚評出的總數，不許不足也不許超過。如果有一人被評為十一分就意味著另有一人只能評為九分來對應。

　　這辦法實際上不是按勞計酬，而是按勞分酬。因這酬是固

定數，沒有增減可能。有人多得必然要有人少得，有人少得才能有人多得。這辦法不可避免地要引起爭奪。在實行後每晚評工分時經常為了一分半分爭得面紅耳赤，甚至動武，吵鬧到隊部。也常因少數人的工分評不下，鬧到深更半夜。評分要想在熄燈就寢前完成幾乎不可能。因此農工們弄得睡眠不足，精神不振，早晨起身，頭昏腦脹，勞動不起勁，工效低落，很多任務不能按時完成。我當然也深受其苦，在繁重的勞動中，精力不濟，昏昏沉沉，整天瞌睡。在以前糧食定量時我曾盼望哪一天可讓我吃飽一次，現在盼望哪一天可讓我睡夠一次。每晚評工分時我常一言不發，只是在舉手表決時說一聲「同意」，隨別人去爭爭吵吵，我坐在一旁打瞌睡。輪到評我時我也不爭，當然要吃一些虧，但我認為不值得去計較，還不如保養精神好。這種情況勉強維持到年終。

　　翌年春節過後由中隊統計員和各小組的記分員共同核算，經過了三番五次的周折，帳終於結算出來了。每人扣除預發的伙食費外，一般可得約三十元，最多不超過四十元，最少只十多元。我得到二十多元，平均每月只有二元左右。這與大家原來所估計和盼望的每人至少可得一百餘元的數額相差很大，大為掃興。平均畝產達四百多市斤，工分分值卻低到只有一分來錢，大家議論紛紛，表示懷疑。後來經管帳目的人員把帳目公佈出來，原因是生產費用項目繁多，數額很大，從產值中扣除以後，純收入所剩無幾。這些帳是否可靠，沒有一個人敢去追查。四類分子的帽子扣在頭上，根本沒有這種權利，誰都不敢

輕舉妄動。

到第二年度，評工分辦法雖仍照舊，但評工分時間改為一星期評一次，定在每星期六晚上進行，因星期日休息不致影響出工。這樣當然要比以前好得多。由於上年的分值極低，一分半分所值無幾，大家對此也不那樣重視了。評分時的爭吵情況因而大大減少，以前那令人頭痛的難關又算混過。

到了當年秋季，不知是什麼原因，包產評工分，按工分計酬的辦法取消了。據說這是劉少奇提出的辦法，後來受到批判。隨後，農工隊又恢復了工資制度。工資級別主要分為兩級，二十五元和三十一元，有個別勞動好的定為三十五元，特別差的人定為二十二元。我的工資先定為三十一元，後來降為二十五元，原因不明。但總的來講情況好多了，每人收入都比包產時有所增加，尤其是不用每晚受評分的困擾了。

四清運動

　　有一年接近新年時天下大雪，兩天兩夜連綿不停，平地積雪過膝。繼而寒流襲來，門窗被震撼得直響，小土牆被吹倒，屋頂被刮掉。據說室外氣溫已降到攝氏零下三十多度。隊部通知不出工，大家高興之極。

　　第二天午飯後，隊部通知開大會作冬訓的動員報告。冬訓每年都有，不過這次內容特殊，叫做「四清運動」。起初大家莫明其妙，不懂什麼叫「四清運動」。經過上大課才知道所謂「四清」是指清政治、清組織、清經濟和清思想。其實這四方面的問題主要是針對黨員幹部和工作人員的，與農工沒有多大關係。因為一切情況在逮捕關押後經過多次審訊，坦白交代，以至在判刑後長期的觀察和考驗，已三番五次、不厭其詳地搞清楚了，縱有未盡也無須搞大規模的運動。而且犯人在監禁中不可能參與政治上、經濟上、社會上任何活動，有什麼可清的？但是社會上搞什麼運動，勞改隊也要搞一通。

　　在這次運動中，大會小會不知開了多少次，到處貼滿了標語，開會時不斷高呼口號以張聲勢。隊幹部們常用要「大張旗鼓」和「雷厲風行」等名詞來鼓勵農工們積極響應各次運動的

號召。「四清運動」進行時，每一小組有一名幹部來監督和指導。進行方式是令每人逐一按這四個方面自報，經小組提出幫助後整出材料交由隊部批准通過。進行中的先後名次由隊部按所掌握的材料列出名單。問題少或小的人列在前，問題多或大的人列在後，按序進行，逐一通過，也稱之為「解放」。對問題不能了結的人暫停進行，稱為「掛起來」，讓他考慮，作思想鬥爭，他的問題留後處理。

在運動開始以後，各小組電燈通宵不關，並派人徹夜看守，以防有人行兇、自殺或逃跑，氣氛搞得恐怖緊張。我自幼一直是熄燈睡覺，已成習慣，通宵開著燈我睡不好，弄得每天頭昏腦脹，很不好受。幹部們還揚言，凡不坦白交代，把問題徹底弄清的人，夜裡睡也不安，還會說夢話，把罪行透露出來。這種心理戰術對別人不知怎樣，反正對我是一點也沒起作用，只覺得可笑而已。所謂問題主要是指逮捕前未交代清楚的餘罪和逮捕後的反動言行，在這方面恐怕與社會上搞這次運動的方式有所不同。對我來說，判我刑所根據的罪行在法律上都是不能成立的，更談不上餘罪。可是每人必須要過這個關，逃脫不了被逼、被鬥、被侮辱的折磨。隊部排出的小組名單中我名列第一。原因何在我也弄不懂，在進行自報公議中只用了一天多時間便通過了。在小組坐鎮的幹部私底下談話對我說：

「你已經解放了，在進行別人時你要大膽地幫助，批判要嚴厲，要上綱上線，要使會場氣氛熱烈，不可出現冷場，務必把運動搞深搞透。你已通過，別人不可能對你打擊報復。」

　　沒有經過多大周折我便被解放，心中一寬。不料那幹部要我在運動中起積極作用，使我背上另一包袱。我知道這是勞改隊中在批判鬥爭一個犯人時慣用的手法，即幹部暗中佈置所謂積極分子，在會場上開口罵人、動手打人、無中生有、強詞奪理地逼被鬥者承認沒有幹過的事。我對這「積極表現」非但不願幹而且鄙視。以前別人用這種方式對付過我，現在卻要我去對付別人，真使我為難。我之所以被輕易通過，首先被輕易解放的原因，依我看是由於在運動開始之初，大家摸不清底細，不敢輕舉妄動。那些不講道義的人還沒有想到利用這一機會來假公濟私、打擊報復、捏造事實、作偽證等來達到泄私憤、清夙怨以至借此表現自己、討好幹部等目的。到了後來這種情況便出現了，而且愈演愈烈，甚至通過一個人須經幾晝夜的幫助鬥爭。而且有的人還通不過，掛起來。

　　這一運動進行了一個多月，時近春節，冬訓結束，於是又轉入勞動階段。照隊部的話說是「暫時停頓，以後還要徹底地搞」，事實上後來也沒有再搞。沒有通過被掛起來的人也就不了了之。想是當局知道這運動把四類分子作為對象沒有多大意義，為了不多耽誤勞動，就這樣虎頭蛇尾地結束了。外界情況我不瞭解，就我所知這次「四清運動」，在勞改隊中傷人死人的情況還未聽說。與以前的鎮反、肅反、反右和以後的「文化大革命」相比，遠為遜色。

「三忠於」

史無前例的「文化大革命」開始了。

據開大會時幹部在報告中指出，這是毛主席親自發動、親自領導的一場思想領域大革命，目的是為了加速進入共產主義。我暗想毛澤東真是個天才，創舉一個接一個，這「文革」規模之大、持續之久遠遠超過歷次所有的政治運動。勞改犯人和農工隊地處僻壤，遠離城市，與社會幾乎隔絕。「文革」中，這裡發生的事有些說起來真可笑，有些說起來真可怕，也許我的所見所聞並不典型，但這是我勞改生活中的又一段經歷。

「文革」初期，我在白土崗大土堡中隊，農工隊幹部為了闡明「文革」的意義和重要，不斷召開大會。大隊作報告，中隊作指示，小組進行討論。搞了一陣接一陣的所謂學習毛主席著作的高潮。

「毛主席語錄」又稱「紅寶書」，每人必備一本，絕對不允許弄髒弄破。其中「老三篇」每人必須背熟。所謂「老三篇」是「毛主席語錄」小紅本中最熱門的三篇，即《愚公移山》、《為人民服務》和《紀念白求恩》。語錄中有若干條必

須隨口說出，不許說錯一字。晚間學習時必須手捧語錄端坐在炕上，不許靠牆，不許打瞌睡。

每人必須發言表態和談學習心得體會，對照自己的言行進行自我批評和小組批評。這樣搞隊部還嫌不夠，把每晚學習時間從兩小時延長到三小時，以前兩小時已很難熬，憑空又增加一小時，更加受罪。勞動了一整天，晚上已疲乏不堪，還要經受這三小時的精神折磨。在我多年的經歷中得到一種體會，感到上面的領導人唯恐人們安居樂業，過平安的日子，總要想方設法來折騰人、磨難人，以至置人於死地。這是什麼心理狀態？是否屬於虐待狂？令人難解。

隨後不久花樣又翻新，每天早上起床後，臉也未洗，立即集合站隊，向毛主席像行三鞠躬禮，名為「向毛主席早請示」。接著唱革命歌曲，朗誦毛主席語錄數則，然後才能洗臉開飯出工。晚上學習完畢，臨睡前又要集體向毛澤東像三鞠躬，唱革命歌曲，並高呼「毛主席萬歲、萬歲、萬萬歲」，名為向毛主席彙報。這早請示晚彙報的制度一直實行了多年，直到文革中期林彪事件後才停止。這種怪現象行之既久，大家也就習以為常，見怪不怪，也感不到它的滑稽可笑了。

接著，更上一層樓，又興起了新花樣，開始進行「三忠於」活動。所謂「三忠於」是指「無限忠於毛主席」、「無限忠於毛澤東思想」和「無限忠於毛主席的革命路線」。在進行中各小組必須利用晚上學習時間各顯神通，用各種方法佈置各自的宿舍，可用文字、圖畫、詩歌、剪紙等種種方式來表達

和體現「三忠於」。有的人還跳起「忠字舞」，至於唱「三忠於」的革命歌曲那就更普遍了。

我因略會寫毛筆字，便被指派用彩色筆寫「偉大的導師、偉大的領袖、偉大的統帥、偉大的舵手」十六個大字，貼在牆上。寫這類東西必須十分小心，萬一疏忽寫錯，將招致大禍。有一人把簡體字的「慶」字寫錯，把內中的「大」字寫成「犬」字，即說他是有意醜化共產黨，受到批鬥和處分。又有一人把簡化字「國」字當中的「玉」寫成「王」，忘了一個點，也受到批鬥處分，說他是幻想封建王朝復辟。

又有一次牆上貼的剪紙中毛澤東的「毛」字的一勾沒有貼住，掛了下來，有人提出「毛」字的腿掉下來了，貼剪紙的人也受到批鬥和處分，說他是希望毛主席跛了腿站不住，共產黨垮台。這只是很多事件中的幾個例子。這些人除受到批鬥和處分外，還把他們的反革命罪行列入專案，容後處理。

又有一次逢星期日休息，那時農工隊和勞改隊都實行「大禮拜」制，就是兩個星期才休息一天。那天是大晴天，陽光燦爛，大家把多日未洗的衣物洗了晾出來，把院子中繩子、架子、樹枝等都掛滿了。我和小組中的另一人，麻痺大意，警惕性不高，把洗好的東西晾在屋外毛主席語錄木牌上。有人彙報到隊部，當晚我二人即受到嚴厲批鬥和打罵。隨著追究的深入，得知那另一人晾的是短褲和襪子，我晾的是帽子，這下便放寬了我，專整那另一人。這件事當然也列入專案，我為此久久忐忑不安，不知會導致什麼後果。

有一天中隊召集開會聽報告。講台上除中隊幹部外有一解放軍戰士，年齡約二十歲。經中隊幹部介紹，他是部隊中學習毛主席著作的典範，今天請他來向大家介紹學習毛主席著作的心得體會，要求大家仔細聽講。那戰士態度溫和，講話很文雅，大概是學生出身。他開始講時有些靦腆，隨後就很從容自如了。講的內容無非是陳詞濫調，但還沒有不通不當的話，說是很得體，只是平淡無奇而已。講完後未等散會他就先走了。他走後指導員接著講話，說那戰士一天要到好幾處去作報告，很忙。隨即稱讚那戰士，說他學習毛主席著作怎樣勤奮，體會怎樣深刻，並介紹說他把「老三篇」學得爛熟，每篇有多少段、多少字，其中有多少個「的」字都能說得準確無誤，這才叫做學深學透。你們行嗎？你們確實應該向他學習。此後由隊部號召，又掀起學習「老三篇」的新高潮，責令大家要背熟，並舉行測驗。可是成績不理想，能全部背出的人極少，哄了十幾天後便沉寂下來。

學習毛澤東著作和「三忠於」活動搞了相當長一段時間後，「文革」進入了批鬥階段，實質上是恐怖階段。

批鬥運動

　　一開始大隊先召開大會作動員報告，傳達上級指示和大批判進行的方式方法。中隊揚言對犯罪和犯錯誤的人必須從嚴批鬥，不能放鬆，不能草草了事，問題務必搞清楚搞徹底，不能冤枉一個好人，不能放過一個壞人。並領讀了一段毛主席語錄：「革命不是請客吃飯，不是做文章，不是繪畫繡花，不能那樣雅致，那樣從容不迫，文質彬彬，那樣溫良恭儉讓。革命是暴動，是一個階級推翻一個階級的暴烈的行動。」由於這次大會的召開，又經中隊幹部的明指暗示，在進行批鬥中不能文雅，不能專靠以理服人，必須同時以力服人，因此批鬥的方式方法逐步變化、逐步升級。被批鬥者從不許直立，必須低頭哈腰以至下跪請罪。不久以後變本加厲，改為「坐飛機」、掛土坯，對質問的問題如不答或辯解，立即遭到拳打腳踢，甚至用柳條抽打。被鬥者愈來愈受罪。

　　小組中的勞動組長、學習組長和靠攏政府的積極分子經過隊部的指示、敦促並獎勵充當批鬥會的主角，除本人發淫威外還督促其他人也積極投入鬥爭。誰表現得不夠積極，誰就犯了「好人主義」，同情落後，報到隊部立案，存入個人檔案，成

為被鬥爭的依據材料。因此人人自危，不敢冷眼旁觀，不得不裝模作樣地大聲叫罵，動手動腳。

我有一次由於實在疲乏，昏昏欲睡，在開鬥爭會時坐在炕上牆角打起盹來，發出的鼾聲被人聽到。這一下可不得了，立刻把我揪下炕，你推我揉地逼我坐飛機。正在這時學習結束的鐘響了，大家急於就寢，才放過了我。第二天適逢大禮拜休息，沒有開鬥爭會。星期一晚上再開會時大概是把我這件事忘了，沒有人提起，繼續又批鬥原來那人，我因此逃過了難關。

還有一次我也幾乎遭殃，我小組中有一姓章的農工，平時與我相處較好，是心地很善良的人。那次為什麼批鬥他我已記不起，積極分子把他打得很厲害。其時已到學習結束的時候，我只說了一句：「好了，好了，明晚再說。」這下引起那打人的人大怒，一把揪住我要打我。我一時火起不讓他打，二人扭了起來。幸虧旁人並沒有支持他，只是把我倆勸開了。第二天他告到隊部，說我阻礙批鬥，同情落後，我因此受到批評。學習組長暗中告訴我，由於這件事我已列入要被鬥爭的黑名單，如果當時沒有到學習結束時間，我這問題要嚴重得多，肯定要立即被揪出來。

在整人批鬥階段中，總的來說，遭殃的人多數是善良軟弱的人，那些兇惡奸詐的人反而很少被鬥。原因很簡單，由於他們厲害，別人不敢惹他們，怕事後受到報復。在這批鬥階段，人人自危，惶恐不安，幸而我所在的小組沒有發生大事件。至於逼供打罵、掛土坯下跪、坐飛機等體罰和汙辱人格等，在那

個年代已不足為奇，沒有人會聯想到法制、人權這些不合時宜的東西，許多人根本就沒有這些觀念。

我們隔壁小組中有一被鬥爭的人說是由於態度頑固、死不認罪，一連整了一個多月，臉被打腫，腿被踢拐，衣服不整，面無人色，兩眼直視，如癡呆狀態。隊部在他小組中指定兩名身強力壯者睡在他兩旁，日夜不離他左右，以防他逃跑、行兇或自殺。夜間鬥他時，常聽到他因被打或其他體罰大聲慘叫。這人是個很耿直的人，不尚奸巧，不識時務，這就是他遭此惡運的原因。他與我較熟，我見到他這種處境很同情他，可是我自身難保，愛莫能助，心中十分難過。

另一小組中有兩人被鬥多日後被關進「小號」，即關禁閉。那幾間「小號」是「文革」開始後不久新蓋的磚屋，每間面積極小，只有約四平方公尺。只有門沒有窗戶，因為窗戶不牢固，容易被破壞。室內沒有電燈，怕引起火災或自殺。門一關上屋內一片漆黑。那兩人被關入以後，仍不斷地被提出來大會批鬥。他倆的案情據說很複雜，牽連多人，詳情我沒有弄清楚，也不敢去問。他倆被關入「小號」多日以後，有一天早上送飯的人開門發現一人躺在地上，昏迷不醒，另一人已上吊吊死。經調查，他倆把襯衣撕成布條，連接成帶子一起上吊。一人吊死了，另一人沒有斷氣，布帶斷了，摔了下來未死。據推測，他倆不願檢舉同案，想自己一死了之，免得連累別人。這種情況當局常以「畏罪自殺」稱之。

此外，其他小組還有幾個人被五花大綁或帶上手鐐腳銬，

由武裝人員用卡車押走，什麼原因連小組都不知道。估計是由於外界檢舉。這些人被押走之後，從此消息全無，不知去向，沒有一個被押回來過，看來是凶多吉少。那一段時期全隊陷入恐怖之中，人人提心吊膽，深怕被叫到姓名被抓走。有一農工家屬，五十多歲的老太婆，由於受了刺激，神經發生了錯亂。一聽到卡車聲便大聲嚎叫，以為要來抓人，有時還邊叫邊在院子中亂跑。其聲音淒厲，裂人心肺。

那時「內查外調」極頻繁，當局不惜大量人力物力來大搞特搞。我這人社會關係不複雜，參與過的機構和組織極有限，人事往來簡單單純，可是也有從上海來人向我調查過幾次。查問的對象有的人我還不認識，關於他們的事當然一無所知。但來人說我不老實、狡猾，改造多年還不靠攏政府，還要包庇壞人。有一次上海來人要我提供關於我一個姓趙的老朋友過去的一切情況，我寫好材料通不過，重複又寫，還是通不過，說是太簡單，沒有重點。我又補充了好幾次，還要逼迫我再補充。最後我與那人爭論起來，我說我所知道的就這些了，我不能無中生有地捏造事實來陷害別人。那來人因此把我告到隊部。姓趙的朋友是老共產黨員，在抗日戰爭年代就入了黨。可見共產黨當權者對他們的自己人還是多方猜疑，信不過，何況對黨外人士了。

在「文革」中，黨員和幹部間的鬥爭也非常激烈。一批野心勃勃的人想乘這風浪排擠別人，乘機晉升；還有一批人想借這機會爭取入黨。我中隊有一名幹事姓方，非黨員，滿臉奸

相，一看就知是個壞蛋。「文革」開始後，成了一個造反派組織的頭頭，自詡為「左派」。整天各處跑，各處查看，什麼事都要過問，都要指揮。對農工兇惡如狼，打人罵人，動不動打人耳光。人人怕他，幹部們也得讓他三分。他還攻擊另一職位比他高的幹部，目的是想擠那幹部下台，來補此空缺。這種事在「文革」中是普遍現象。

三中隊有一個姓錢的幹部曾在一次批鬥會上被連皮揪去許多頭髮，後來留下了一塊塊光禿禿的疤痕，十分難看。因此他經常戴著帽子遮醜，天氣很熱時也不脫掉。他曾開玩笑地說好在他那時已結婚，否則他這副德性恐怕很難找到老婆了。

批鬥運動按原計劃要人人過關。但照此進行了不到三分之一人數時，當局又改變了方式，由人人過關改為專整重點。他們認為人人過關不能批深批透，搞不徹底，形成「走過場」，達不到懲惡戒人的目的。這下對被鬥的人更不放鬆，對每一件事都要無限上綱上線，提到反黨叛國的高度。每批鬥一人常常要搞十多天，遇到問題較多或進行「頑抗」的人搞得時間更長。有一個小組的學習組長與我很熟，他在隊部開會時在指導員的桌子上看到擬定要重點批鬥者的名單，也叫黑名單，其中有我的名字，他暗中告訴了我，叫我留意。我聽了心中很不安，不知如何是好。幸而不久以後還未輪到批鬥我，就有一批人從大土堡中隊調到烏蘭三中隊，我也在內，一場近在眼前的災難總算沒有臨到我頭上。

王政委

　　我調到烏蘭分場三中隊，那裡的分場政委姓王，被「造反派」斥為「走資派」，隔離審查，天天被左派批鬥打罵。幾個月下來骨瘦如柴，不似人形。我和他相識，曾在一起研製水稻插秧機。相處雖不很久，但已深知此人公正善良，而且已經年過半百了。

　　到了冬天，聽說他逃跑了。在當時情況下他要逃跑是不可想像的，令人驚奇。他被看管得極嚴密，身邊有兩人監視，日夜不斷，連他上廁所時這兩人也跟著去。

　　哪知他就是乘上廁所時逃跑的，原來當地的廁所後牆外是糞池，人在廁所內的蹲坑解的大小便從坑洞中流入糞池，清除工作即在牆外進行。到了冬天當地氣候嚴寒，大小便凍得堅硬如石，一點不會沾汙衣服。那王政委便是從蹲坑的洞中鑽了出去逃跑了。當時是夜間，兩個看守他的人分別守在廁所兩頭的出入口，久等不見他出來，起了疑端，進去用手電筒一照，人不見了，無別路可走，知道他一定是從茅坑洞中鑽了出去，逃出牆外。這兩人想要從廁所到牆外必須繞一個大圈子，從大門才能出去，牆外是曠野，又當夜間，一片漆黑，無從追捕，只

好讓他逃跑了。

「文革」以後，王政委複了職，據他說當時他快被整死，想不如鋌而走險，逃跑出去或許還有生路。他的逃跑計劃早已想好，一直等到天冷時大小便凍硬，不致沾汙衣服，才乘上廁所機會從蹲坑洞中鑽出逃跑。他逃出去後到了北京，潛伏在朋友家。好在不久林彪出事，接著毛澤東去世，接著「四人幫」被打倒，「文革」結束，他才有可能回到原地恢復原職。

他逃跑以後，妻子便成了當時批鬥的重點對象。他妻子姓董，那時四十多歲，在三中隊醫務所當醫生兼司藥。她人很好，對農工不擺架子，解放前還是個高中學生。她有一件海虎絨大衣和一雙半高跟鞋，解放前是女青年們很普通的東西。有一次批鬥她時我正好去烏蘭場部附近的商店買東西，見到廣場上聚集了很多人，四周貼了很多標語，又安裝了擴音器。我料到又是在開批鬥會，但不知批鬥什麼人。走近一看原來是董大夫。此前從未批鬥過女性，因此很出我意外。我便站在人群中看。只見造反派把她的大衣和半高跟鞋擲在地上，逼她當眾穿上跳秧歌舞，並把她稱作資產階級妖婦。她平時雖文雅溫和，但在威力壓迫下卻絲毫不膽怯，死不肯穿。造反派硬替她穿上，她把鞋子踢掉，把大衣扯下。造反派把她按倒在地上，她又反抗，在地上亂滾。造反派揪著她兩隻腳在泥土地上拖著跑，一時廣場上塵土飛揚，弄得她滿身是土，滿臉是泥血。經此搏鬥她已奄奄一息，這才放了她。對這件事，中隊農工，還

有一些幹部也感到憤慨，但在這瘋狂的政治迫害的狂流中，沒有人敢於出面反對和干預，只是敢怒而不敢言。

「文革」後期

　　在三中隊，有一天晚上，一件奇事出現。中隊召開大會，指導員宣佈：凡有「林副主席語錄」的人必須把它交給隊部，不准私自保存。這事使人感到出乎意外，莫名其妙。當時林彪已是一人之下萬人之上的人物，紅極一時，他的語錄幾乎與「毛主席語錄」同等重要。而如今忽而要沒收，其中定有蹊蹺。我當時料想林彪可能出事了，可萬想不到是林彪陰謀殺害毛澤東，事態敗露後潛逃中喪了命這樣嚴重、這樣戲劇性的大事，這件事改變了中國歷史的進程。此事發生後，全農場的批鬥運動和「三忠於」活動逐漸降溫。左派積極分子的氣焰也不像之前那樣囂張了。此後不久，天氣轉暖，進入春耕農忙季節，批鬥運動也就冷場了。

　　在這場大難中我沒有受到嚴重衝擊真是大幸。以我出身、成分、學歷、經歷以及犯罪案由等很濃的政治色彩，加上勞改中表現不積極、靠攏政府不夠，如果批鬥到我，肯定不會輕易放過，要受盡屈辱，吃盡苦頭。

　　「文化大革命」這場政治大迫害，由中共高層的內部互相排擠攻訐引起你死我活的鬥爭殃及全國人民，造成不可估量的

危害和損失。雖然我的生活圈子不大，交友不廣，可是也有三個親友在「文革」中死於非命。

一是我的老朋友的妻子，因她丈夫有「反動經歷」，被隔離審查。左派對她無止無休地審訊逼供，命她交代她丈夫的「罪行」。她身體羸弱，神經不很健全，經受不了這種刺激，乘人不備跳樓自殺。她住在三樓，窗口下是水泥地，跳下去頭部朝下，腦漿崩裂，立即喪命。二是我表嫂，也是跳樓自殺，原因我至今不瞭解。後來我曾遇見過表兄，他對妻子的自殺閉口不言，我自不便追問。三是我哥哥家的一個鄰居，也是在「文革」中跳樓自殺。這三人都是跳樓自殺，無非因為那是最簡單易行的自殺方式。另外我的哥哥和姓張的表兄分別由於「文革」中受迫害和判刑勞改都得了精神分裂症。在我有限的親友中自殺和發瘋達五人之多。推而廣之，可知全國受害人數肯定驚人。

據我所識所知的人中，受了政治迫害，經歷過鎮反運動、長期勞改和「文革」批鬥的驚濤駭浪至今仍舊活著而且神智正常的，我是僅存的碩果，屬少數中的少數。有句老話「大難不死，必有後福」。其實生活在無民主、無法紀、無人權的制度下，我心情抑鬱，不能自拔，並無「後福」之可言。

到了七十年代中期，我年齡已六十開外，進入暮年。雖然我自小健壯，但經歷了多年磨難，至此已很衰弱，對農工隊的繁重勞動愈來愈感到難以承擔。可是農工隊中沒有退休這一條，只有幹到死為止。我不得不做盡力堅持下去的思想準備，心中不免悲觀。

第九章 上訴平反

「文革」結束

　　1976年秋季，有一天隊部忽然宣佈了一項驚雷般的消息：「毛主席逝世」。按理說毛澤東已屬高齡，逝世本不足為奇。但是多年來大家喊慣了「毛主席萬歲，萬歲，萬萬歲！」也從來沒有聽說他生過病，在人們的印象中他是一個無比健康、好像永遠不會死的人。固然在受政治迫害者的看法中，他的健康長壽意味著千百萬人的災難，但對他去世的消息仍感到非常突然，甚至有人還懷疑這消息是不是真的，是不是以此來觀察各人的反應，是對大家的又一次考驗。歷來這種情況已出現過多次。雖然這消息對犯人和農工來講無疑是一則天大的喜訊，但是大家不敢流露出喜悅的表情，彼此間也閉口不談此事。人人保持緘默，唯恐失言招禍。我當然也心中竊喜，我想他一死中國的情況必然要大變，變好的可能性大，變壞的可能性小。在他的獨裁統治下，倒行逆施，為所欲為，終於鬧出「文化大革命」這樣的事，可謂登峰造極，亙古所未有。他死了以後，不至於會出現更壞的情況。

　　依我看，像毛澤東這樣一個集陰險、毒辣、愚昧、專橫、殘暴於一身的人，世上少見。他算不上一個知識分子，對民

主、法治、人權這些現代人類文明的要素他非但不主張和支持，且橫加打擊和摧殘。這三大要素是共和政體的基礎，是他獨裁統治的障礙。共產黨掌權後，用清皇朝紫禁城的天安門作為國徽，這與作為人民共和國的名義、宗旨和形象都是極不適應的，對此我曾很不理解。後來想到毛澤東熟讀史記和通鑒，封建帝王的意識極為濃厚，對歷代帝王的遺物情有所鍾，並以此象徵自己身居帝位，大權獨攬，駕馭天下。除此我找不到其他的解答了。

他死了可說是後繼無人。果不出所料，不久以後就傳出「四人幫」被逮捕的消息，接著又傳出「文革」結束的消息，再接著「四類分子」全部脫帽，恢復公民權。喜訊一個接一個，我感到心情舒暢，無比興奮。

接著，又發生了與我切身有關的事，即政府和法院為冤假錯案進行平反，並號召當事人提出上訴。這是中共新領導班子撥亂反正的一項公正的政策。在毛澤東「四人幫」時代是不可想像的。從此，上訴的人和獲得平反的人一天天多起來。我的思想不可避免地起了波動。然而經過了一番考慮之後，我對是否要上訴猶豫起來。幾十年來中共高層派系鬥爭激烈，互相攻訐，互斥對方為反革命，以致到底誰是反革命，什麼是反革命，混淆不清。我是沒有政治地位、沒有政治作用和影響的平民，即使戴了一頂是非不清、緣由不明的反革命帽子又有什麼關係，不值得為此費心事去上訴。而且上訴如果被駁回反而會引起極大的不愉快。在勞改中我曾心擬了兩句反動話：「寧作

上訴

　　幾個月後，農場當局召開全體四類分子脫帽大會。接著我請假獲准，幾十年來頭一次赴北京和家鄉蘇州去探訪親友。我遇到的人都鼓勵我上訴，情懇意切，使我難以拒絕。同時我體會到在當時局勢下，我的反革命前科註定了我的反革命分子身分，對親友存在著不利的影響，上訴與否已不是關係到我個人的問題。

　　回到農場後，我開始作上訴準備。上訴須寫出判決書的編號，以便原判法院或機關查考；又須寫出內容，作為申辯的依據。可是判決書沒有發給我，上訴無從動筆。於是向三中隊隊部查閱，哪知不看倒罷，一看之後氣得我要命。那份在隊部存檔的判決書與在監獄向我宣讀的那兩份不一樣，以前的很簡短，而這一份卻很長，其中不無誇大而且添加了幾件虛構的事，而且這份判決又從未向我宣讀過，一直把我蒙在鼓裡，真是豈有此理！由於我過於氣惱和激動，血壓升高，頭暈眼花，上訴書一時不能動筆。過了一個多星期，心情平靜了下來，血壓也恢復了正常。於是按這份判決書中所列各項逐項申辯。由於內容複雜，既有誇大又有虛構，寫申辯很困難。寫了好久，

改了多次才寫好。措詞力求簡明扼要，寄到原來判決的法院。約一個月後就接到回信，說上訴書已收到並已立案待辦，叫我等待處理，不必催辦。這是一個極好的消息，法院既已接受了我的上訴，沒有駁回，問題就有解決的希望。果然不到一年，法院叫我去上海一趟，為什麼去沒有說。我料想事情已有眉目，不然不會叫我老遠地去南方，於是我就匆匆趕去。到了上海，第二天一早便和我姪女一起去長寧區中級法院找我案件的經辦人。他說我的上訴已複判，事情已經解決，某月某日開庭宣判，叫我出庭，並領取判決書。這下我高興極了，盼望已久的事原以為要經過許多周折，想不到竟這樣簡單順利地解決了。

平反

　　到了約定的日子，我便上法院去出庭聽宣判。當時在法院附設的小法庭舉行開庭儀式，參與者只有四人：辦案人、書記員、我、我姪女。開庭後由辦案人宣讀兩個文件：一是某某市高級人民法院的刑事裁定書：「……申訴人因反革命案經中國人民解放軍某某市軍事管制委員會於某年某月某日以某字第某號決定書判處有期徒刑十二年。現某某不服判決，提出申訴。經本院審查，原判適用法律不當。為此特裁令如下：一、撤消中國人民解放軍某某市軍事管制委員會某字第某號判決；二、本案交區法院再審。」另一份是某某市區人民法院刑事判決書：「……經某某市高級人民法院審查，原判適用法律不當，於某年某月某日撤消原判，發交本院再審。現經本院再審，查明某某在解放初期，曾講過一些錯誤言論，並非以反革命為目的，屬思想教育問題。據此特判決如下：對某某宣告無罪。」

　　宣判完畢，辦案人把這兩文件交給了我。這時我忽然看見桌上有一張很大的團體照片是從我的檔案袋中拿出來的。怎麼我的檔案中會有這樣一張照片，感到詫異，順手拿起來看看。辦案人見我看這張照片，隨口問我：「你看看這裡面有你沒

有？」我一聽有些著急，因為我從未拍過這樣十多人團體照，這是我能十分肯定的事，便說：「我從未拍過這樣的團體照。裡面怎會有我？我的檔案中怎麼會存入這張照片？這不是陷害麼？」辦案人順手便把照片奪了過去，放入檔案袋，並說：「我們也知道沒有你在內，否則你的問題就大了，恐怕早被鎮壓了。」我說：「再讓我看看行嗎？上面印著什麼字我沒看清楚。」他說：「好啦，好啦，你已經平反了，問題解決了，還看它做什麼？」說完後便走出門去了。想到這件事使我寒心。不過以我這案例來說，當局並沒有利用這張作偽證的照片來虛構我這方面的罪行，可說是不公正中的公正。

在這次宣判時，辦案人宣讀了當初判我徒刑的判決書，只寥寥數語，比在監獄第一次對我的宣判還要簡短。在宣判完畢後我問辦案人為什麼這判決書這樣簡短。他說這是最先的原始判決書。這樣計算一下，我的判決書一共有四份：按順序，一是這次最後見到的原始判決書；二是在監獄第一次宣判的一份；三是第二次宣判的一份；四是在烏蘭農場三中隊存的最後一份。內容一份比一份複雜，這種情況可說是當時我國司法中的奇事，充分體現了「欲加之罪，何患無詞」這句話。

我平反後，被當地勞改局辦的一所高中聘為英語教員。從此我脫離了農工隊，從「二勞改」中解放出來，回到了社會。計算起來，我自1951年初被捕算起至此1981年為止正好三十年。

第十章　後記

　　我寫本文才開始不久，大約只寫了五分之一，冬去春來，天氣轉暖，便暫時停頓下來，和家人親友們一起去遠途旅遊，歸途中在黃山腳下投宿。晚間在附近餐館就餐，聽到隔座一群青年人在談，說是北京高校學生罷課，舉行遊行示威。口號是要求中共政權進行民主改革，懲辦官倒[1]，消除腐敗，維護法紀，保障人權等等。據說參與者之眾，規模之大，前所未有。我和家人親友等自離開杭州後一直在車船旅途勞頓和名勝古跡遊覽中過日子，既沒看報紙也沒聽廣播更沒有看電視。對國內外的一切情況已睽隔多日。忽然聽到這一驚人消息，我和家人親友興奮之極，平素一談起國事便心情鬱悒，滿腹牢騷的情況，一掃而光。知識分子、尤其是高等學校學生，既富熱忱又有政治見解。洞察時弊，深惡專政制度，因而不顧得失，不怕迫害，甘冒風險來振臂高呼。把人們幾十年來的夙怨和熱望，大膽地公開地表達出來，令人感動和欽佩。

　　我回京後次日一早便乘公共汽車到公主墳車站，準備乘向東行的公共汽車到天安廣場親眼看一看，瞭解一下實際情況。哪知東行的汽車因通不過天安門廣場全部停駛，只好去改乘地鐵。地鐵站擁擠不堪，售票口前排成長隊。好不容易擠上去，列車開行後在宣武門站、和平門站、前門站都不停，一直開到崇文門站才停下來。我趕快擠出車廂，擠出車站，穿過東長

---

[1] 「官倒」是八十年代末的流行詞，指「利用手中權力，當官的搞投機倒把，大發橫財」，當年反腐敗很具體地提出反「官倒」，隨著反腐敗的不成功，這個詞也消失了。

安街，拐入台基廠大街往西，向天安門廣場走去。還未到達廣場，在東交民巷的西頭路口幾十米處，便看到上萬人頭攢動，黑壓壓一片。進入廣場後一看，人山人海，我從未見過這樣大的場面，真是壯觀。無數學校、工廠、企業和其他團體的隊伍擠滿了整個廣場。旗幟交錯，歌聲嘹亮，再加無數擴音器中傳出演講聲和口號聲，交織在一起，歡騰鼎沸，無比熱烈。同時秩序井然，並無混亂景象。廣場中央地帶，人民英雄紀念碑周圍支起了無數大大小小的帳篷，裡面待滿人，這些是外地學校的學生或團體的成員來京參加學運的。我穿過人群走到地下通道。在出入口和通道兩壁，貼滿了大字報、小字報。所有這一切口號、演講、大小字報都是以要求政治改革、要求民主、要求保障人權、要求法治、要求言論和新聞自由、要求懲辦貪汙腐敗和官倒等等為中心內容，無不切合廣大人民群眾的心聲，所以贏得普遍的同情和支持自不為怪。路旁成千上萬的群眾表示擁護，拍手叫好，我身臨此景此情，不禁興奮起來，也隨著歡呼鼓掌。

　　時過中午，我自早晨七時出門，至此已達五小時，我順著人行道上一股已形成的窄的人流，艱難地向西擠去，又擠了約一個小時才擠到六部口。遊行的隊伍和車隊仍在源源不絕地向廣場湧來。他們高舉著旗幟和標語牌，一路走一路高呼口號，大街上呈現一片歡騰熱烈的氣氛。我當時心情舒暢，興高采烈，多年的積怨、憤慨、壓抑、不滿，想說而不敢說，即使敢說而無傾吐對象，即有傾吐對象也成不了氣候，現在在這次運

動中被廣大學生、工人、教師和各類知識分子和群眾公開地、無所顧忌地、不計得失後果地、不加保留地大聲呼喊出來，全面徹底地表達出來，實在是大快人心，令人感到無比舒暢和激動。

參加遊行的人數我無從估計正確，不過要在廣大的天安門廣場以及寬闊的東西長安街上擠滿這麼多的人，估計至少要有幾十萬人。當晚各廣播電台報導說是超過百萬人，我本人能躬逢和參與這次盛會，是我一生中最有意義、最可紀念的經歷。當天回到家中已傍晚，疲勞之極，但精神愉快。

隨後幾天因受家人勸阻，我沒有去天安門廣場，只是在較近的三環路、白石橋、人民大學等地看大小字報和聽消息。即使這些地方也是充滿著不計其數的人群。就在這時候，忽然從廣播中和群眾的傳說中傳來了新消息，說是由於在運動中向共產黨和政府提出的各項正義要求，當局不予理睬，學生進行絕食抗議，人數達幾十人，並且不斷在增多。我一聽到這新情況，料想事態一定要急劇變化，按捺不住，次日乘家人不知，一早又去天安門廣場。這次是從西直門乘地鐵去崇文門，較上次順利。一進入廣場，只見情況有了變化。人群更為擁擠，帳篷增加不少。廣場東西兩側新設立了許多臨時廁所和供水站，馬路上停著許多供水卡車和救護車，都是各機關團體學校和醫院為支持學運提供的。再往前走，走到各帳篷前便看到了絕食的學生們。他們分散在若干帳篷中，有的頭纏白毛巾，有的身上寫著口號，有的側臥著正寫東西。帳篷中放著麵包鹹菜等食

物。前些天氣溫驟降，群眾捐助的衣被等整齊地疊放在帳篷旁邊，因天氣轉暖，已用不著，但不歸私人所有，集中存放。可見他們的紀律是很嚴格的。我在來此之前已聽說廣場中央豎起了一座「民主女神」像，於是繼續走到金水橋南面地下通道的兩個出入口中間，只見一座「民主女神」像矗立在圍觀的人群之中，大約有四五公尺高，是一個白色的臨時塑像。塑像前有一面木牌，上面大意說到：自滿清被推翻以來，名義上建立了共和制度，但實質上並沒有達到真正的民主。全國人民無不渴望我國的政治體制實行民主改革，從人治轉變為法制，使人權得到保障，法紀得到維護，經濟得到發展，全國人民才能從專政的桎梏下解脫出來，脫離貧窮落後，走向興旺發達。為此在此地豎立起這「民主女神」像來表達全國人民的熱望。但是現在政權還沒有掌握在人民手中，這座神像早晚要被當權者拆除。然而人民早晚會掌握政權，專政制度的覆滅僅是個時間問題，這是世界局勢的趨向，不論專政者如何掙扎，也挽救不了他們的命運，到那時候我們將在此原地，建立起一座高大的永久性的「民主女神」，永垂不朽，與世長存。我當時沒有帶筆和紙，未能抄下來。現在就所能記得的寫下，與原文的措詞當然不能相同，但主要的內容和精神不會有很大出入。

在部分學生開始絕食抗議後不幾天，中共當局有了反應。中共總書記趙紫陽親臨天安門廣場去慰問學生和勸阻絕食，並與學生代表對話。這一新情況表明當局所持的強硬立場有所轉變。從這跡象來看，僵局有了轉機、緩和以至冰釋並非完全不

可能。不料過不了兩天，情況又急轉直下，中共高層的強硬頑固派以莫須有罪名把趙紫陽攆下台，從而擅專軍政大權，繼而以慣用的高壓手段來對付民主運動，宣佈了戒嚴令，並從各地調動部隊來北京執行戒嚴，旨在扼殺民主運動。

頓時首都全市陷入赤色恐怖之中。可是成千上萬的學生工人和群眾中的運動積極參加者並不膽怯，並不氣餒，同心協力地在通往郊區的交通要道口設置了各種路障，以阻擋戒嚴部隊開進市區。我家正當通往西郊的要衝，西三環中路與紫竹院路的交叉路口設置了一些無軌電車和公共汽車的車廂，供學生工人們的糾察隊在看守路口任務中作休息場所，路口一帶人群徹夜不散。

事件當夜我正在酣睡中，忽被窗外傳來的槍聲驚醒，心覺有異，急忙起床與家人憑窗諦聽。我家在高樓第十一層，臥室面南。當時夜深人靜，又是居高臨下，槍聲清晰可聞。估計槍聲是從東南方向傳來。起初稀疏，後來漸密，繼而成為連續的機槍聲，其中夾雜著隆隆聲和汽車急馳聲。我們十分驚慌，不知發生了什麼事。但政府既已宣佈了戒嚴，按當時局勢估計是政府在用武力鎮壓學生，肯定是，不會錯，想像中不可能發生的事竟會發生。槍聲持續了幾個小時，到拂曉時由疏而止。鎮壓遂告「勝利」完成。這「勝利」是必然的，因為對手是手無寸鐵的學生、知識分子、群眾和工人。他們只有被殺，絕無還手甚至自衛的能力。我當時怒火中燒，無法再入睡，胡亂吃了些東西，天已大亮，便外出觀望情況。其時街

頭巷尾已有不少人三五成群地在談論夜間發生的事。眾說紛紜，莫衷一是。當晚聽了外國電台的廣播，也聽了北京當局發佈的報導，二者關於這次事件中死傷人數的統計數字相差很遠。從我親自聽到的槍聲之密、持續之久來估計，死傷人數一定不在少數。然而確實的數字，即便接近的數字，外界也無從得知。

隨後幾天中，國內廣播和電視台每天長時間地播放所謂「反革命暴亂」的真相和平定「暴亂」的經過。政府發言人的報導無非是充滿了自相矛盾的謊言，有些話是欲蓋彌彰，騙人達到自知騙不了人的程度，可是還不得不騙下去。

關於學運，還有一情況應該提及。這次民主運動是按我國憲法中人民有遊行示威的權利的規定進行的，規模宏大，人數眾多，群情激昂，氣氛熱烈，可是秩序良好，出乎意外。參加者遵守紀律，沒有越軌行動，這是有目共睹，一致公認的。在運動後期，我幾乎每天外出，在遊行人群中走動觀望，沒有見到或聽到吵鬧、打架或其他糾紛等事。人際關係，空前友好。據很多人說：自運動開始以後，社會上竊盜、搶劫、傷害、兇殺等犯罪事件，從未發生。依我看不會有那樣絕對，但至少要比平時大大減少，這個奇妙現象，原因不明，即強加解釋，也難以求證。不過民主運動中秩序良好，沒有混亂，是不容否認的事實。要說「暴亂」，只有武裝部隊用坦克和機槍屠殺學生和群眾的暴力行為。手無寸鐵甚至連木棍或石塊也沒有的徒手平民是決無挑起暴亂的企圖和可能的。

事件發生之後，我因精神受的刺激太大，心情極度惡劣，無法安心執筆。本文不得不中途停頓下來。

思緒混亂地挨過三個多月後，我想到：「國家興亡，匹夫有責」，我身為一個中國人，對中國的命運和前途自應負起應盡的責任。不可把希望寄託在別人身上，而是自己應積極行動，有所作為，尤其是處於逆境時更不可沮喪消沉。我是書生，又已年邁，但在迫切的願望推動下，仍可利用拙筆與專政制度展開鬥爭，以親身的經歷揭露我國政治陰暗面中的一個死角，對民主運動多少能起一些作用。這些想法鼓勵我把原已擱置，甚至打算放棄的本文繼續寫下去。於是整理舊稿，重新構思執筆，以抵于成，深切盼望它日後能見於世。至於本人將會因此招致什麼厄運，不加考慮。只要能為民主運動盡一份力量就是我莫大的欣慰，也是我平凡而坎坷的一生中所作唯一有意義的事。

我在大學時參加一二、九運動，回憶當時情景猶歷歷在目。那次運動振奮民心激發士氣，對抗日戰爭起了極大的推動作用。這次民主運動，無論在規模、時間、意義、影響各方面都遠遠超過一二、九運動。後人對這場運動在宏觀上的論述，諸如起因、影響、後果等等，肯定不會少。但在微觀上的具體情況和細節的記載，可能不多以至失傳。但這是決不可缺漏的，因為它有感動人而引起同情和憤慨的效果。我既曾身臨其境，又正當我寫本文期間，我就把當時身經目睹的情節從詳寫入此段後記中，使其成為全文不可分割的主要內容。我由衷地

　迫切地渴望人治的專政制度將讓位給法治的民主制度，從而在
世界上永遠消滅，永遠不再出現，並且深信這是人類精神文明
發展的必然趨勢，不可逆轉。

　　有一個方面，本文沒有提到，毛澤東所提倡並迫使公職人員以至全國人民必須遵行的大義滅親，與階級敵人劃清界限的號召，強制人民只能傾向共產黨，忠於毛主席，個人與個人之間不允許存在私人感情，即使家人和親友間也不例外。關於這些，我在農工隊遇到的一件事略能說明問題。情況如下：

　　大約是1978年，當時我在內蒙東部興安盟紥賚特旗保安沼勞改農場那家臥鋪農工生產隊務農，種植水稻。有一天放假，我有事去大約四十公里外的烏塔旗鎮。當我到達車站時，車雖未開但已滿座，我只好站著。碰巧在車上遇見同隊的另一農工，他已有座位，他的姓名已想不起來，只知他是廣東人，年齡比我小，中等身材，眉清目秀，風度翩翩，一眼就可看出是知識分子並有相當身分。他見到我便向我打招呼，並起立讓座，我再三推辭，他堅持要我坐。相談之下，知道他是原國民黨政府時的南京中央大學畢業，由於職務關係被判刑勞改，這次去烏塔旗鎮是去醫院看病。不一會到達目的地，便各自下車分散。那段車程不過半小時，因路況不好，車子顛簸，一路站著也很不好受。我很後悔，不應該讓他站著，何況他還是病人。我年齡雖比他大，但身體卻比他強。當時只顧交談，沒有想到這一點。由於他知禮謙讓，是有教養的人，我不免對他發生好感，在隨後的日子裡和他交往較多。農工們都是無錢無勢的窮光蛋，都是被踐踏到社會最底層的人，誰對誰好或接近，絕不存在任何目的和企圖，純粹出於真誠的友善和好感。他的外表雖不錯，但氣色很差，面色發灰，這是內病嚴重的象徵，

果然過了不久他便去世。

　　事隔不久，有一天農工隊裡來了一位中年婦女，帶著一個十多歲的女孩。她衣著樸素整潔，舉止文雅，原來是那死者廣東人的離了婚的前妻，女孩是他親生女兒。據她說從死者的家人處得知他去世的消息，從迢迢五千里外趕來掃墓，並想領走他的骨灰。那時農工死後，屍體是在紮旗郊外一所很大的焚屍所焚燒的，骨灰裝在瓦罐中埋掉。她是否領到骨灰我不得而知，我與她只見了一面，因為我要出工勞動，沒有機會再相見。在她初到時與幾個農工和我簡短的談話中，談到她與丈夫離婚，並非出於自願，實在是迫不得已。她工作的單位稱她丈夫是階級敵人，她如不與他離婚劃清界限，單位便不能再留她繼續工作。那年代全國所有的人除工資外不可能有其他收入，失去工作便無法生活。她別無選擇，只好同意離婚。打算在他刑滿後或政治環境變遷後再複婚，哪知等不到那時，他便死了。那婦女說她從他家人處得知，他的發病始自她提出離婚後不久，所以他的死是受了離婚的影響，說時痛哭流涕，聽者無不為之動容。

　　這件事看來不是件大事，表面上看不出政治運動中那種暴行。而且借用一句古諺「大義滅親」，好像還有些道理，蒙蔽性很大，因此很少人意識到這點而提出異議。然而僅以我所處狹小範圍內既有此例，以全國來講，這一強制性的號召造成家破人亡，妻離子散，六親不認，互相攻訐的悲慘局面，影響所及的個人和家庭之多，難以估計。這種災難，中外古今所未有。

　　這件事雖不是我本人的事，但它引發我莫大的傷感和對死者及其妻女的同情。是我在勞改中思想和感情方面的痛苦經歷之一。因此作為「補遺」，載入本書。

小記：本書寫完之後，大約在1991年，繼父給我幾頁紙的「補遺」，讓
　　　我加到書裡。說這是一件讓他非常難過的事。這段「補遺」沒有
　　　故事，無所謂情節，僅僅是一個接觸不多的難友，一個不幸的沒
　　　有等到丈夫的婦人。筆觸一如全書，平實、克制、客觀，但強烈
　　　的同情與悲憤呼之欲出！

高憶陵

附錄

附錄一
波叔與我們一家

王孝基（王丕忠姪女）

　　我的叔叔王丕忠，小我父親十二歲，同屬虎，因為出生時正值一次大戰開戰，故小名歐波（歐洲起風波之意），我就叫他波叔。

　　我父親出生在蘇州一個書香門第家庭。其叔祖是晚清著名學者王同愈；祖父是王同愈的胞兄王同懋，也就是原上海圖書館館長、著名版本目錄學家顧廷龍的外祖父。我的祖父王懷份（唸bin）留學英國回來，從事外交工作，與司徒雷登交往甚密。父親和波叔小時候是司徒雷登寓所的常客。1996年夏天，八十二歲的波叔曾帶我去如今的北京西山八大處，尋找當年與司徒雷登聚會的場所。半個多世紀過去，他居然憑著門前的樹木還能認出那破敗木屋就是他曾經居住玩耍過的地方。

少年時期的王丕忠

　　我小時候沒見過波叔，是波叔平反回上海後才第一次見到。從父親口中瞭解到：祖父家教極嚴，父親從小膽小老實，祖父音量略高，馬上乖乖閉嘴。波叔則只要他認為對的，就會據理力爭，因此沒少受皮肉之苦。祖父卻常常背後稱讚波叔：「剛正不阿，有出息！」確實，波叔燕京大學畢業工作後，贍養父母，接濟兄長，一家人其樂融融。

　　可是1951年1月份的一天，波叔突然失蹤了……家人怎麼努力也打聽不到下落，大家心急如焚，束手無策。

　　祖母極度思兒，寢食難安，病體每況愈下，不久便故世了。她臨終前很長一段時間，一直喃喃呼喚：「歐波快點回來，歐波。」無論父母親怎麼安慰她，沒能見上小兒子最後一面，老太太最終口眼未閉。

王丕忠之母

　　我出生前夕，祖父也故世了。忙於奔喪的母親早產且難
產，我被產鉗拉到了這個世上，那年是1953年，父親五十一
歲，母親四十一歲。

　　我印象中的祖父是父親與波叔描述的：一位博學多才、
嚴肅正直、對社會有貢獻的外交人才，從政經商皆遊刃有餘。
曾與德國人合夥在舊金山開銅礦，不料遭遇馬克貶值，投資失
敗，家境一落千丈。無奈，祖父進了汪偽政府工作，擔任公債
司司長。解放後也因此進了共產黨監獄。但祖父是個正直的知
識分子，任職期間沒幹過任何損害國家和人民的事，還據理力
爭反對汪精衛發行公債，為老百姓免除了一場苦難，並因此被
免除了死刑，幾次獲准保外就醫。可是當獄方通知家屬，祖父
病死，父母親為他草草下葬時，薄皮棺材的縫隙裡卻滴出血
水，怎麼會有血水滴出？當時誰也不敢問，至今成謎。

王丕忠之父王懷份

　　我父親王敬忠是上海復旦大學的高材生，尤擅英語，畢業即留校任教。以後曾在多家外事部門當翻譯，諸如英國海軍駐南京武官處、聯合國善後救濟總署等；解放後則在中國五金礦產進出口公司上海分公司當筆譯。

　　解放前的工作經歷使他獲得了「歷史反革命」帽子，歷次運動如三反、五反、肅反、反右等，他都是運動的重點。

　　有一年（我太小，實在記不起），家裡收到一張內容簡短的明信片，才粗略知道波叔犯罪判刑，在東北某勞改農場服刑，希望能寄給他老花眼鏡、套鞋、油布什麼的。我是渾然不懂，母親雖有思想準備，還是免不了一驚。父親經受了太多打擊，在波叔失蹤的問題上腦子出了岔，精神徹底崩潰，隨後被單位辭退，只發給微薄的生活費。他始終認為波叔去了香港，後又去了美國，總有一天會回來接他。在他的世界裡原話是：

「報紙登的香港九龍大火，燒毀了兩百多間木頭房子，其實就是暗示我，歐波平安到達香港；平民小人全部燒死，就表示歐波很安全，不會被小人陷害。」「一輛A06牌照的轎車，在我面前停了二次，我曉得A就是America、0就是歐波、6就是快樂，他是要告訴我，歐波在美國很快樂。」……

母親只得帶他去就醫，三次住院。一次住復興西路二十一號上海市立精神病醫院，兩次住謹記路六〇〇號上海市精神病防治院。總共住院大約有一年半時間。學齡前的我，於是有了每月與母親同去醫院探望父親的經歷。

1955年王孝基與父親在一起

幸好父親僅僅在觸及時事和政治問題時，腦子會發生混亂，會按他自己的思維和信念說一些「瘋話」。而在生活中他完全不糊塗。父親的知識面極廣，我的學業一直由他輔導，尤其是英語。這使我在班級一直名列前茅。他給我講過好多古今中外名人名言、趣聞軼事、成語典故等，讓我受益匪淺。1998年作為工薪階層的丈夫和我，傾囊購買了三房一廳，也得益於父親關於不動產的理念。

母親宋桂芬出生於蘇州修仙巷（後改為繡線巷）宋家，也算是當時的名門望族。祖上宋駿業是康熙朝的兵部左侍郎，因善書畫，康熙委其主持繪製《康熙南巡圖》。宋駿業延請時年六十歲的王翬和宮廷內外的多名高手，歷時五年，繪就十二卷，現八卷分藏於海內外，四卷下落不明。宋駿業親自繪製了南巡途中從無錫至蘇州的山水、民居、城垣、店鋪、舟橋、良田的粉本（全圖縱0.65米，橫29.55米）。2002年，母親堂弟宋湛謙代表宋氏家族，在南京博物院舉行了捐贈儀式，將粉本捐贈給南京博物院，完成了先人「敬守之」的心願。

原修仙巷宋宅有七進，東宅西院。東大廳高懸康熙御題「靜永堂」匾，西花院取名「趣園」。解放後園中的「八角亭」捐獻給國家，移至現今留園；「花籃樓」也捐獻了，移至寒山寺，就是現今的「楓江第一樓」。

王孝基之母宋桂芬結婚照

現在，人們可以用正常的心態看待母親這樣的家族，可當時母親的成分是必須夾著尾巴做人的地主，父親是歷史反革命，再加上波叔是現行反革命，可想而知我家在毛澤東時代有多艱難。

波叔的來信很少，一年大概也就一封，每次母親都關上門窗偷偷地看，既割捨不下蒙難的胞弟，又擔心被人知道和「服刑期反革命」聯絡。母親是深度近視眼，矯正視力不到0.1，所以在我學會寫信之前，基本上都是央請波叔的摯友王恩濟叔叔（上海醫藥研究院高工）代寫回信。

1963年是我們家的春天：父親結束了第三次住院，回到家

中。波叔刑滿釋放，雖然換湯不換藥，依舊沒有自由，繼續在農場艱苦勞動，但母親的心情似乎好了一些。

那幾年剛渡過困難時期，物資貧乏、糧食缺少的狀況稍有改變。我每頓都能吃飽，偶爾有魚、肉，也基本上都是我享用。父母竭盡所能呵護我，使我沒怎麼感到生活的艱苦。等我長大懂事後，每每想到這些，心口隱隱作痛。睡夢中無數次夢見父母，夢境總是兩種情形：要麼是非常開心，給父母好多零花錢或帶父母去吃西餐；要麼是非常傷心，父母生活窘迫或生病而我無能為力。

相對平靜了二三年，文化大革命開始了。父親被革命群眾揪出來批鬥，扣上假精神病真反革命帽子，說裝精神病就是為從事反革命活動做掩護，為此遭受了一系列非人的折磨。可憐的父親經不起新的刺激，走進他個人世界的時間又多了，回到現實生活的時間少了。

母親積勞成疾終於病倒了。檢查結果：卵巢癌中晚期！這個晴天霹靂把我嚇哭了。醫生安慰我：「不要急，不要告訴病人，還能手術治療。」一邊填寫住院單一邊問我些基本信息，我沒加思索一一作答。問到家庭成分時，我同樣沒加思索輕聲回答：「反革命。」瞬間情況逆轉，醫生撕了填寫到一半的住院單，把病歷卡推回我面前：「走吧，醫院不為黑六類（地富反壞右資）及家屬治病。」腦子裡轟的一聲我懵了，我苦苦哀求醫生救救我媽媽，醫生只是草草開了些止血、止疼藥片，打發我們走了。

是我害了母親？分明是我害了母親！不是嗎?!我無聲地哭，無聲地喊，胸口不時陣陣抽痛。我錯在哪裡？錯在說了真話？如果父親真是反革命？我怎麼絲毫察覺不到他的反革命行動呢？母親的病怎麼辦？我試著婉轉地把母親的病情告訴父親，父親聽明白了，可是他不相信，說現在到處說假話，醫生也在說假話。

看來只能換家醫院試試，我對自己說：「絕對不能說真話。」編好了詞，隱瞞了長征醫院求診經歷，帶母親去了第一婦嬰保健院，重新檢查的結果是卵巢癌晚期。當醫生知道我們是「工人家屬，父親工傷在家不能前來」時，盡力進行了救治。

幾天後公用電話送來傳呼：「明天上午準備兩百元，帶上生活用品來第一婦嬰保健院。」第二天院裡派了一名醫生一名工宣隊員陪我們一起去腫瘤醫院，當場就收治入院。

母親奔波治病拖了些日子，營養太差體質太弱，不能馬上手術，需要調養幾天。可是沒過幾天，母親的病情迅速惡化，出現大量腹水，肚子漲得比足月孕婦還大，失去了手術機會，只能姑息性治療。三個月後，她戀戀不捨地看著我，慢慢閉上了眼睛。在龍華殯儀館最後告別時，沒有一位親戚到場。來了幾位鄰居和十幾位同學，因無錢租廳，就在殯儀館的過道上匆匆向遺體告別。我哭得死去活來，連殯儀館的工作人員都為之動容，勸我：「回去吧，還有老爹（白髮蒼蒼的父親被他們看成老爹，也就是爺爺）需要你照料啊！」簡單送走了母親，從此，我一邊上學一邊全面操持起家庭生計。那年我十六歲。

1970年下鄉插隊時的王孝基

　　毛澤東「12‧21最新指示」發表後，上山下鄉之風越刮越
猛。六八、六九屆的應屆畢業生乾脆「一片紅」，全部務農。
像我們這樣的反革命家庭更別無選擇。當時因媽媽生病借了父
親單位的錢，每月必須從他微薄的退休工資中扣除，所剩下的
錢很難維持父親和我的生活。我決定自食其力，從學校提供的
雲南、黑龍江、江西、安徽等地中，選擇去安徽插隊落戶，為
的是離老父親近些。

　　在學校下鄉勞動時我曾結識一位「右派」老醫生，我們很
聊得來。他教了我很多醫學知識，我還曾去過他供職的醫院，
幫他抄藥方。

1969年王孝基（前排左一）插隊期間與陳醫生（後排左一）等合影

我插隊到安徽懷遠後，被分到徐圩公社新集大隊，新集大隊有一個當時全公社最大的衛生院，中西藥較齊全，醫務人員缺少。於是在我下鄉後沒多久，就當上了「赤腳醫生」，相對於下地勞動舒適了不少。

那時我心事重重，默默寡語，懷念母親，惦念父親，想念波叔。心想我命怎麼這麼苦，就沒一個成分好一點的親人能幫幫我。我又是獨苗，沒有兄弟姐妹，真是孤獨啊，心苦啊！

更苦的是父親，他年邁多病，經常餓一頓飽一頓。由於欠了幾個月房租，房管部門逼迫他搬出住了二十幾年的小屋，搬

到一間木板釘的不足十平米的泥地破屋。但他竟奇跡般的一個人生活下來了。學會了買菜做飯，每個月嚴格按照我走時留下的表格開支。只是本來清瘦的父親更加瘦了。年底我回上海探親，父親那個高興啊，用省下的錢買了一兩他最喜歡吃的巧克力回來，自己一口不吃，笑瞇瞇看著我吃。西餐奶油蛋糕巧克力是父親的最愛，可從文化大革命開始，這些東西就再也沒有進過家門。

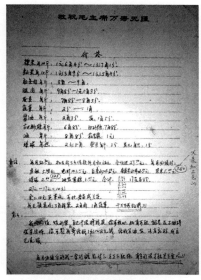

王孝基下鄉前留給老父的「每月開支表」

然而禍不單行，我在衛生院護理危重病人時不幸染上了急性肝炎，提前回到上海，住進了醫院隔離病房。醫院規定的

每週兩次探視，父親必來，每次都會買一個奶油麵包給我。記得有一次他帶著歉意的笑，說：「少給你一點，我掰一小半吃。」……

就這樣，為了和父親相依為命，我肝炎病癒出院後沒再去安徽。沒有戶口沒有糧票沒有錢，不可能有工作。我尋思可以做傭人，也就是現在的鐘點工。我們樓下鄰居身體不好，兩個外孫年齡小，需要照看，所以雇傭了我。我的任務是早上刷馬桶，上午買菜生煤爐做飯，下午幫小孩洗澡、洗衣服，然後拖地板，等她女兒女婿回家後我就下班。另外我還在里弄給四家洗涮馬桶，每家每月掙一元五角。這樣每月總共有十六元收入，和當時學徒工資差不多了。

1972年底，李慶霖給毛澤東寫信後，情況有所好轉，獨生子女可以結束插隊，返回原籍。我遂於1973年將戶口遷回了上海，並安排在一家集體所有制小廠工作，生活總算有了著落。

從1963年我學會寫信開始，就一直和波叔通信往來。生活有著落後，我多次寫信希望波叔能回上海探親，一方面我們從未見過面，一方面想父親和胞弟見了面，也許能幫助他走出個人世界。

然而波叔沒被批准探親，只是寄來一張一寸黑白照片。父親凝視照片許久說：「共產黨厲害，居然找到如此相像的人來騙我，但我還是看出破綻：為什麼要戴大帽子，肯定臉像頭髮不像！」「有本事讓人站到我面前給我看，否則絕不相信。」

父親長期罹患肺結核，曾因氣胸住院二次，加上常年營養

不良，由肺源性心臟病導致心力衰竭，1975年底與世長辭，兄弟相見的心願最終未能實現。

波叔更加不幸：高寒荒僻地帶勞改十二年，「二勞改」十八年，沒自由沒尊嚴漫長的三十年！

我曾多次寫信讓波叔提出申訴，波叔以年代久遠無法複查、不予理睬等回復我。看了波叔寫的書稿我才知道，是三十年的冤氣堆積使他認定，被視為暴政的敵人比作為它的順民還強。他在書中寫道：「由於案情簡單，又無同案，看來法院複查並不費事，因此在上訴只一年多便經複判，宣告無罪，十二年徒刑的冤案遂告平反。」波叔不知道，事情其實沒那麼簡單。

首先，波叔的案子是經過法院正式宣判並服刑期滿的，沒人願意接手這個「燙山芋」。再加上事情過去了三十載，當初辦案的，因人事變遷，不知下落。萬幸的是，波叔遇到了「貴人」——他早年相識的龐曾漱。有關部門對後來成為我的嬸嬸的龐曾漱說：「要想平反，除非找到當年的辦案人！」嬸嬸想方設法，順藤摸瓜，幾經周折，終於奇跡般地找到了當年的辦案人。然後，她又找熟人，托關係，動用了好多人脈，再由我去見面、辦些具體事宜。比如找過位高權重的×××，找第一律師事務所的××等，光長寧區法院我就去了好多次，王恩濟叔叔也幫過忙。波叔所說的「一年多」，其實是嬸嬸費盡心血的一年多，是我緊張忙碌的一年多。毫不誇張的說，沒有嬸嬸的嘔心瀝血及我等的努力，波叔就沒有平反的可能。

王丕忠與好友王恩濟

　　波叔平反回上海後住在我家，我已結婚，由於住房條件限制，波叔只能住閣樓。嬸嬸把波叔接到北京，結為夫婦共同生活。他們一同在大百科出版社工作，一同去各地旅遊，波叔終於過上有尊嚴有質量的生活。1997年，一生為別人忙碌的嬸嬸不幸患肝癌先波叔而去，把一個傾注一輩子心血的溫暖的家留給了波叔。然而，波叔的生活並沒多大變化，因為波叔的女兒、我的姐姐們像嬸嬸一樣，無微不至地照顧波叔，使他安度晚年，健康長壽。

1994年王丕忠與夫人龐曾漱在家中

　　我有一個好丈夫，我和他共同幸福生活了二十二年。1998年底我們買了新房子，可他僅僅在新房子住了一個月，胰腺癌就無情地將他帶走了……

　　生活還要繼續呀……我擦乾淚咬咬牙挺過來了。2003年我的兒子結婚，2004年我有了小孫子，現在一切又開始好起來了。

　　退休後我去學習了國畫，又學了布藝堆畫，這兩年一邊做畫一邊在社區活動中心當指導老師。我的作品基本上都被街道、部隊收購了，使我很有成就感、很開心。現在正打算組織更多有富裕時間的人員學習布藝堆畫，開發新品種，早日實現

布藝堆畫作品的商品化。

　　波叔於古稀之年毅然寫作了十幾萬字的書稿，在驚訝之餘我大感敬佩。他的苦難不是孤立的，在「階級鬥爭為綱」的時代，他的家庭和親人都受到了株連。我的祖母為兒子的「失蹤」死不瞑目，我的父親為弟弟的不白之冤精神分裂，我的母親為他擔驚受怕了一輩子，作為他的姪女，我的前半生始終生活在「現行反革命親屬」的陰影之中。波叔說他的文字是「歷史的見證」，如今，我惴惴然寫下的文字，不知算不算「見證的見證」？

2014年王丕忠與姪女王孝基（左）、繼女高憶陵在一起

2014年10月20日

附錄二
繼父其人

高憶陵（王丕忠繼女）

1981年，結束勞改生活的王丕忠

　　我的繼父王丕忠（歐波）生於1914年10月，江蘇蘇州人。
燕京大學經濟系畢業。1949年上海解放後屬於舊政權留用人
員。由於不堪忍受新政權對他們這類人的歧視、猜忌，想離開
大陸去香港投奔親友和謀生，不料卻在1951年開始的「鎮壓反
革命」（簡稱「鎮反」）運動中被專政機關誣陷為「國民黨匪
特」而遭冤獄。更令人匪夷所思的是，十二年徒刑期滿後仍然

不能獲得自由，而要「自願」申請「留場就業」，繼續過著「二勞改」生活，「反革命」帽子一戴就是三十年……

記得是在1981年，離婚後的母親，向我們介紹了王伯伯的悲慘經歷，引起我們極大的同情，從此，這位王伯伯就開始進入我們的生活。母親與王伯伯是同鄉和遠親，早年就相識。母親堅信他是好人，決心為他討回公正。母親不辭辛苦地在內蒙偏僻的小鎮和上海之間奔波，遇到再大的阻力也不言放棄。經過一年多的努力，終於找到當年的辦案人，從堆積如山的文件下面找到王伯伯的案卷。經法院重新裁定，宣告王伯伯無罪。若不是母親一腔正義，行事果決，王伯伯很可能在內蒙高寒地區教書至退休老去，也許就不會有這本書了。寫到這裡，我深深懷念在1997年被惡疾奪去生命的母親。

上海市高級人民法院刑事裁定書

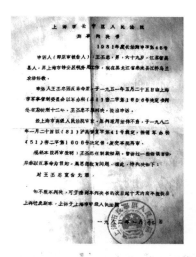

上海市長寧區人民法院刑事判決書及判決書局部

　　母親考慮到王伯伯平反後沒有一個合適的生活地點，決
定把他接到北京共同生活。1983年，繼父與我母親結婚後，興
致勃勃地投入新生活。母親一直努力使繼父晚年幸福一些，多
多少少補償一些他失去的東西。他們參加了《大英百科全書》
的部分編譯工作，還不取分文地幫社科院翻譯國外的書籍，一
起去高校和科研院所輔導英文，給文革後那批求知若渴的年輕
人留下了「氣質高貴」，「特有教養」，「發音特純正」等深
刻印象。一有閒暇，他們就去旅遊和探親訪友，九寨溝、張家
界、蘇杭一帶、大海邊……都留下他們的足跡。繼父在九十多

歲後曾深情地對我說：「跟你媽媽在一起的十四年，過得真好啊！」

王丕忠與夫人龐曾漱在公園中

　　書中提到，繼父判刑後不知是誰給他寄來一個包裹，給身陷囹圄的他帶來一絲人間的溫暖。繼父平反之後才知道，寄包裹的女性是我的二姨，一個富有同情心，性情豁達的女性。當年她得知繼父及他家庭的不幸遭遇後，完全不顧自己會招惹麻煩受到牽連，果斷地出手相助，不僅花錢購置了生活用品，還到監獄門口去排了很長時間的隊。1999年我在美國見到二姨，提起這事，覺得她的行動十分難得，她淡然地笑笑：「沒有什麼，那時只有我能幫這個忙了。」

　　跟繼父生活在一起，他很少提過去的事情，偶爾提兩句卻使我吃驚。他認識我不久，曾問我：「你知道1951年的『4‧27大屠殺』嗎？」我腦子裡迅速搜遍所有教科書給我的知識，都找不到這件事。「當時監獄院子裡槍斃的人都堆不下了。」他說：「我身邊死的人太多了……大部分都是教授，律師，職員，醫生這類的人。」鎮壓反革命運動時我還小，直到六十多年後，我才從《炎黃春秋》雜誌上得知真相。毛澤東1951年3月18日在一份批示中寫道：「……天津準備於今年一年內殺一千五百人（已殺一百五十人），四月底以前先殺五百人。完成這個計劃，我們就有了主動。我希望上海、南京、青島、廣州、武漢及其他大城市、中等城市，都有一個幾個月至今年年底的切實的鎮反計劃。人民說，殺反革命比下一場透雨還痛快……」[2]在偉大領袖「大殺幾批反革命」的一再督促、指示下，「上海市委在4月27日一天逮捕8359人，僅隔三天，4月30日一天就處決285人……以後每隔幾天就槍斃一批人，少則幾十名，多則一百四五十名。」[3]我這才知道，「大屠殺」並非空穴來風！

　　作為鎮反對象又經歷了那麼多年的勞改，人們不免會對他提出疑問：「為什麼你能活下來呢？」他的解釋居然是：「我的飯量小。」他不覺得自己有什麼特殊之處，說就像魚能遊，

---

[2]　尹曙生（安徽省公安廳原常務副廳長）：《1951年3月18日毛澤東一份批示的片段》，載《炎黃春秋》2014年第5期，北京《炎黃春秋》雜誌社出版，第3頁。
[3]　尹曙生：《毛澤東與第三次全國公安會議》，載《炎黃春秋》2014年第5期，北京《炎黃春秋》雜誌社出版，第4頁。

鳥能飛一樣，自己天生耐饑寒的能力比較強。

據我觀察，除了生理上有一定條件，他的性格也是幫他度過非人苦難的重要因素。他的性格特點可以形容為「有信念」。由於有信念，他對周圍的人有愛，有憎，有同情；在非人的環境中能熬，能忍，能等待；對自己，不失尊嚴的底線，例如文中描述他絕不趴到地上去搶喝那點粥湯；對別人，能感同身受地寄予同情，不作加害於人的事。在生與死常常處在臨界狀態的嚴酷環境中，人的內在精神力量好比一種抵抗力，使人克服恐懼，做出正確的選擇，從而保全生命。繼父在脫離勞改過上平靜安逸的生活後，我與他相處三十多年，常常能感受到他穩定的精神狀態、善良悲憫的心性、睿智的處世哲學，這都是精神上的「抵抗力」，不僅使他能度過鬼門關，還使他安然達到百歲高壽。

2002年，八十八歲的他給我一封「寫給朱鎔基總理的信」，信的大意是：

我國現有商場、超市和百貨公司等地，售貨員在工作時間只許站立，不許坐下，……售貨員每天站立八小時或以上，即使生意清淡甚至沒有顧客時也必須乾站。我曾幾次坐火車沒有座位，站立一二小時便難以忍受，售貨員要站八小時甚至更久，我真不知他們怎樣堅持的。實際上這是一種變相的虐待……我建議商場、超市和百貨公司等為售貨員設立座位，只需高腳小圓凳，只能作為

歇腳，無法倚靠或打盹（以免影響生意）。在生意清淡
或沒有顧客時可稍坐休息，免得遭罪……

北京市民王丕忠

2002年3月6日

　　他執意要我把此信寄到國務院辦公室，我照辦了。當然，
此後音信全無。他的建議在有些人眼裡也許是可笑的「認死
理」，「脫離現實」，在他卻是自然流露，天經地義，而且十
分執著。細想一下，是他的理死，還是我們的心死？是不是我
們已經失去了感覺別人痛苦的能力？

　　不知哪年跟他聊天，他說過，勞改中最好的一段時光是讓
他到池塘放鴨子。「除了我和鴨子，什麼人也沒有，小青蛙看
見我就跳出來，我還可以摸牠的腦袋呢！」這簡直是一幅田園
圖畫：小池塘邊，一個孤寂的勞改犯，溫情地撫摸著陪伴他的
小青蛙的頭。在苦難生涯中依然保持著愛的能力，這個人的生
命力能不強麼？

　　前兩年，我給他買了一對鸚鵡。沒過多久，他就把鸚鵡放
出來，讓牠們自由自在地滿屋子飛，窗簾桿和吊燈成了鸚鵡休
棲的地方，直到晚上，他才讓牠們飛回籠子裡。這是他老人家
特殊的養鳥方法，也許是不忍心看著小生命被囚禁吧。社區院
裡的流浪貓們沒少吃他買的貓糧，年事漸高的他活動範圍逐漸
變小，每天坐在樓門前看貓是他的一大樂趣。我每次經過，他都
要像介紹某個人似的，鄭重其事地告訴我：「這隻貓認識我。」

　　年屆百歲的繼父常常引起人們研究「長壽秘訣」的興趣。走進他的房間，床旁枕邊堆滿報紙雜誌，時尚雜誌上的眾多美女朝你搔首弄姿。孩子們總結說：「爺爺愛看大美女，所以活得長。」其實，爺爺豈止喜歡美女，他還酷愛石頭，曾被叫做「石頭爺爺」。家裡地上、桌上、櫃上、架上堆滿了他的石頭，你要是不小心進了我們家門，就會被爺爺拖住，一塊接一塊地介紹他的石頭，讓你無法脫身。相對於收藏名石，他更喜歡在自然山水中尋尋覓覓，下過雨的河灘是他的最愛，因為一切石頭都被雨水沖刷出本來的顏色。年屆高齡之後，對石頭的熱愛使他成了潘家園市場的常客，雖然是從北京西北到東南的大吊角，他每週必去一趟，還總是說：「潘家園，很近啊。」老人家身體真是好，有一次我送他到木樨地坐車，他居然跑步去追52路，那時，他九十四歲了。

　　有很長一段時間，他對數碼相機發生興趣，頻繁出入於海龍、鼎好這些電子產品大賣場，接二連三地買相機送給親友和學生，床頭的時尚雜誌一度被《數碼科技》所取代。每次買回新相機，他都要告訴我們這個相機有什麼不可取代的優點。有一次，優點是「有根帶子，可以掛在脖子上。」真讓我們哭笑不得。他愛說：「我在商場有朋友。」言外之意是可以買到好東西。他把「朋友」賣給他的相機給我看，上面有明顯的劃痕，顯然是以次充好，看來他的「朋友」不懂「童叟無欺」的商業信條，不過，看著老人的興奮勁兒，誰也沒捅破這層窗戶紙。

　　除了喜愛小動物和照相機，他對汽車更是入迷，只是由於年齡關係，沒辦法把汽車搞到家裡……可以說，他的長壽秘訣應該有一條──「總對某些事物感興趣」，而且，這還僅是秘訣之一。

　　眾多秘訣中，他曾說過的「我忘記年齡。」恐怕也是頗為重要的一條。老人家不僅心地善良，而且頗有教養，彬彬有禮。九十多歲高齡的他，只要看見我提著重物，一定會伸出手來要接過去。他忘記了自己的年齡，卻沒忘記自己是位Gentleman（紳士）。家裡來了客人，他總是忙著接站、送站。雖說他的參與，非但幫不上忙，還增加了我們的負擔，但我們非常尊重他把自己定位於幫助別人的人這種想法。

　　他尊重身邊所有的人，無論保姆、電梯工、清潔工、賣報紙的、送報紙的……幾十年了，報亭、超市、自行車攤，人都換了一茬子了，提起他來，所有的人異口同聲：他可真是個好老頭！

　　我之所以要寫繼父的生活瑣事和以上方方面面，是想讓讀者知道，書中的「我」是個什麼樣的人。就是這樣一個有教養、有節操、忠恕善良的知識分子，卻陷入三十年的冤獄，而且不容申辯……一個強大的國家機器如此欺負一個柔弱的普通公民，公正何在?!

　　繼父的冤獄絕非他個人的苦難，如果沒有這十幾萬字，他經歷過的漫長黑暗的日子將隨著當事人全體逝去而永遠無人知曉。現在，有了這本書，我們可以「立此存照」了。

幾年前他的文字在國外網站發佈後，網友們的回饋溫暖著老爺子的心：

謝謝王老爺子寫出他自己的悲慘經歷。另一個普通人衷心祝他晚年幸福、安康。

請代向老人家轉達我的問候！老人家值得人們尊敬。

安度晚年的王丕忠在北京香山植物園

附錄三
解放後重大政治運動一覽

（根據網上資料整理）

一、土地改革運動（1950—1952）

二、鎮壓反革命運動（1950—1951）

三、抗美援朝運動（1950—1953）

四、三反五反運動（1952）

五、農業生產互助合作運動（1953）

六、肅反運動（1958）

七、城市反資產階級右派運動（簡稱反右）（1957—1958）

八、大躍進運動（1958—1960）

九、人民公社化運動（1958—1980）

十、共產黨內反「右傾機會主義」運動（簡稱反右傾）（1959）

十一、農村整風整社運動（1959）

十二、農村三反運動（1960）

十三、四清運動（1964—1966）

十四、無產階級文化大革命運動（簡稱文革）（1966—1977）

Do人物34　PC0495

鎮反沉冤
——我的勞改三十年

作　　者／王丕忠
責任編輯／陳思佑
圖文排版／周妤靜
封面設計／楊廣榕

出版策劃／獨立作家
發 行 人／宋政坤
法律顧問／毛國樑　律師
製作發行／秀威資訊科技股份有限公司
　　　　　地址：114 台北市內湖區瑞光路76巷65號1樓
　　　　　電話：+886-2-2796-3638　傳真：+886-2-2796-1377
　　　　　服務信箱：service@showwe.com.tw
展售門市／國家書店【松江門市】
　　　　　地址：104 台北市中山區松江路209號1樓
　　　　　電話：+886-2-2518-0207　傳真：+886-2-2518-0778
網路訂購／秀威網路書店：https://store.showwe.tw
　　　　　國家網路書店：https://www.govbooks.com.tw

出版日期／2015年6月　BOD一版　定價／340元

|獨立|作家|
Independent Author

寫自己的故事，唱自己的歌

鎮反沉冤：我的勞改三十年 / 王丕忠著. -- 一版. --
臺北市：獨立作家, 2015.06
　　面；　　公分. -- (Do人物 ; PC0495)
BOD版
ISBN 978-986-5729-84-4(平裝)

1. 王丕忠　2. 回憶錄

782.887　　　　　　　　　　　　　104008457

國家圖書館出版品預行編目

讀 者 回 函 卡

感謝您購買本書，為提升服務品質，請填妥以下資料，將讀者回函卡直接寄
回或傳真本公司，收到您的寶貴意見後，我們會收藏記錄及檢討，謝謝！
如您需要了解本公司最新出版書目、購書優惠或企劃活動，歡迎您上網查詢
或下載相關資料：http:// www.showwe.com.tw

您購買的書名：_____

出生日期：_____年_____月_____日

學歷：□高中 (含) 以下　　□大專　　□研究所 (含) 以上

職業：□製造業　□金融業　□資訊業　□軍警　□傳播業　□自由業
　　　□服務業　□公務員　□教職　　□學生　□家管　　□其它_____

購書地點：□網路書店　□實體書店　□書展　□郵購　□贈閱　□其他

您從何得知本書的消息？

　□網路書店　□實體書店　□網路搜尋　□電子報　□書訊　□雜誌
　□傳播媒體　□親友推薦　□網站推薦　□部落格　□其他_____

您對本書的評價：（請填代號　1.非常滿意　2.滿意　3.尚可　4.再改進）

　封面設計____　版面編排____　內容____　文／譯筆____　價格____

讀完書後您覺得：

　□很有收穫　□有收穫　□收穫不多　□沒收穫

對我們的建議：_____

_____

_____

_____

11466
台北市內湖區瑞光路 76 巷 65 號 1 樓

獨立作家讀者服務部　　　收

....

（請沿線對折寄回，謝謝！）

姓　　名：＿＿＿＿＿＿＿＿＿＿　年齡：＿＿＿＿＿　性別：□女　□男

郵遞區號：□□□□□

地　　址：＿＿＿＿＿＿＿＿＿＿＿＿＿＿＿＿＿＿＿＿＿＿＿＿＿

聯絡電話：(日) ＿＿＿＿＿＿＿＿＿＿　(夜) ＿＿＿＿＿＿＿＿＿＿

E-mail：＿＿＿＿＿＿＿＿＿＿＿＿＿＿＿＿＿＿＿＿＿＿＿＿＿